ANSELM GRÜN

ZU HAUSE MIT GOTT

ANSELM GRÜN

ZU HAUSE MIT GOTT

Dem Glauben einen eigenen Ausdruck geben

Vier-Türme-Verlag

Bibliografische Information der Deutschen Nationalbibliothek

Die Deutsche Nationalbibliothek verzeichnet diese Publikation in der Deutschen Nationalbibliografie. Detaillierte bibliografische Daten sind im Internet über http://dnb.d-nb.de abrufbar.

in Deutschland produziert

2. Auflage 2022

Lektorat: Marlene Fritsch
Satz: Matthias E. Gahr
Umschlaggestaltung: wunderlichundweigand
Umschlagmotiv: Collage mit Motiven von © Julia Lazebnaya/shutterstock.com und © mirrelley/shutterstock.com
Druck und Bindung: Pustet, Regensburg
ISBN 978-3-7365-0377-9

www.vier-tuerme-verlag.de

Inhalt

Einleitung

Die Zeit, in der wir nun mit der Pandemie konfrontiert sind, zerbricht viele Vorstellungen von Spiritualität. Auch das alte Bild der Kirche als dem Ort, an dem christliche Spiritualität vor allem gelebt wird, wird aufgebrochen und oft genug zerbrochen. Doch zugleich können wir die Corona-Krise auch als Aufbrechen neuer Möglichkeiten verstehen. Da brechen neue Begabungen auf. Menschen, in deren Leben bisher Spiritualität kaum eine Rolle spielte, kommen in Berührung mit ihren spirituellen Wurzeln. Sie fragen sich nach dem Sinn des Lebens. Sie spüren ihre Sehnsucht, dass es doch etwas geben muss, das über diese Welt hinausweist, das uns Halt gibt mitten in den Krisen des Lebens. Menschen reagieren kreativ auf die Krise. Sie wagen spirituelle Experimente. Und sie spüren, dass Spiritualität Sache jedes Einzelnen ist, dass sie etwas Intimes ist, das es zu schützen und zu achten gilt.

Kirchliche Vertreter haben sich Gedanken gemacht, was sich durch die Corona-Krise in der Kirche ändern sollte. Doch die Überlegungen dazu, die ich gelesen habe, haben mich nicht überzeugt. Da ist zu viel die Rede von »Die Kirche müsste ..., die Christen sollten ...«. Solche Aufforderungen motivieren nicht. So habe ich versucht, etwas zu schreiben, das die Menschen in ihrem persönlichen Glauben ermutigt, unabhängig von den kirchlichen Strukturen. Ich möchte kein Programm aufstellen, das wir erfüllen sollten. Ich möchte einfach den Glauben beschreiben, den ich bei vielen Menschen wahrnehme, auch bei vielen, die sich nicht als kirchlich gebunden verstehen.

Als ich angefangen habe zu schreiben, war ich mit meinem ersten Entwurf nicht zufrieden. Irgendetwas fehlte. Da gab ich das Geschriebene meinem Freund Winfried Nonhoff, der nicht nur als früherer Verleger ein Gespür hat für die Fragen der Menschen in der säkularisierten Umwelt, sondern auch selbst als kritisch suchender Katholik seinen spirituellen Weg geht. Ich bat ihn, er solle den Text einmal lesen, dann könnten wir darüber diskutieren. Er machte mir Mut, nicht so viel von vergangenen Zeiten und deren Praxis her zu argumentieren, sondern eine Sprache zu finden, die die heutigen Menschen anspricht, die auf der Suche sind. Ob meine Sprache die Menschen innerhalb und außerhalb der Kirche berührt, kann ich nicht sagen. Aber das Gespräch mit Winfried hat mich darin bestärkt, einfach das zu schreiben, was ich spüre. Zugleich wurde ich durch ihn sensibilisiert, mich tiefer in den Menschen von heute hineinzuspüren. Mir ist klar geworden, dass es in unserer Zeit nicht in erster Linie um Strukturen geht, sondern um den persönlichen Glauben. Und diesen persönlichen Glauben entdecken heute viele Menschen. Doch sie zweifeln auch, ob sie ihrem Glauben und der Weisheit ihrer Seele trauen können. Für mich bricht in der Krise ein neues Gespür für Spiritualität auf.

Im Nachgang zu meinen Überlegungen stieß ich auf ein Buch, das mich sofort anregte. Es dokumentiert das Gespräch zwischen dem Philosophen Robert Spaemann und dem Soziologen Hans Joas. Spaemann betrachtet den Glauben eher pessimistisch. Er meint, der Unglaube sei heute attraktiver als der Glaube, und spricht von einem »Wettlauf um die Bequemlichkeit«. In diesem Wettlauf kann der Glaube nicht gewinnen (Beten im Nebel 35). Dem möchte ich gemeinsam mit Hans Joas widersprechen. Joas wehrt sich auch gegen die pessimistische Sicht des Soziologen Max Weber (1864–1920), der von der »Entzauberung der Welt« und von der »Entzauberung des Menschen« spricht. In dieser entzauberten Welt gilt der Mensch nur noch für das, was er leistet. Doch meine Erfahrungen aus der seelsorglichen Begleitung sagt mir etwas anderes: Menschen sehen sich selbst nicht bei einem Wettlauf der Bequemlichkeit, sondern sind auf der ehrlichen Suche nach etwas, das im Leben trägt, das ihnen Sinn gibt, das ihrem Leben einen neuen Geschmack verleiht. Sie sind offen für das, was größer ist als sie. Sie suchen nach Spiritualität, auch wenn sie diese nicht immer mit christlichen Begriffen beschreiben würden.

Hans Joas spricht von Sakralisierung. Er erkennt im Menschen »eine Fähigkeit der Überhöhung ..., die er Sakralität nennt« (Joas 19). Der Mensch braucht das »Heilige«, das aber nicht allein christlich oder generell religiös gefüllt ist. Das Heilige meint hier das, was der Welt entzogen ist, worüber die Welt keine Macht hat. Sakralisierung ist die Fähigkeit, mitten in der Welt etwas zu entdecken, das frei ist von den Maßstäben dieser Welt. Joas spricht von Erfahrungen der Geborgenheit bei anderen, ohne die wir seelisch zusammenbrechen würden. Sie eröffnen uns das Heilige und sind jedem Menschen zugänglich. Glauben – so meint Joas – »ist der Versuch, intensive Erfahrungen erklärbar und plausibel zu machen« (Joas 26).

Dieser Glaube führt zu einer »Gewissheit, die allen Krisen standhält« (Joas 28). Joas ist überzeugt, »dass viele Menschen, auch wenn sie keiner Religion folgen, nicht einfach in einem leerlaufenden Mechanismus leben. Sie sind auch tief von Sinn erfüllt und verschmolzen mit ihren Werten« (Joas 38). Er öffnet damit den Glauben für alle suchenden Menschen. Und darin besteht für ihn auch das Wesen des Katholischen. »Für mich heißt katholisch immer, man kann auf ganz verschiedenen Stufen von Erkenntnis gläubig sein. Es gibt auch die gelebte Volksfrömmigkeit, da darf man nicht fragen, ob auch Theologie studiert wurde« (Joas 41).

In dieser Weite, die die Gedanken des katholischen Soziologen Hans Joas eröffnen, möchte ich Menschen dazu ermutigen, mitten in einer verunsicherten Welt ihren eigenen Glauben auf dem Grund ihrer Seele zu entdecken. Ich möchte sie ermutigen, Formen zu finden, diesen Glauben auszudrücken und dadurch neuen Halt in all der Unsicherheit zu finden. Ich möchte dazu einladen, mitten in einer Welt, die immer weniger Sinn für den christlichen Glauben zu haben scheint, den Glauben selbst in die Hand zu nehmen, ihn so zu gestalten, dass er das eigene Leben bereichert, dass er hilft, es zu bewältigen und mit den Problemen, die sich in unserer Welt heute stellen, zurechtzukommen. Dabei gehe ich nicht von dem engen Glaubensbegriff aus, alles für wahr halten zu müssen, was die Kirche lehrt. Vielmehr gehe ich vom Glauben als dem Gespür für das Heilige aus, das diese Welt übersteigt, als die Erfahrung absoluter Geborgenheit mitten in den Unsicherheiten des Lebens und als der Gewissheit, »die allen Krisen standhält«.

In der Psychologie spricht man heute von *Empowerment*, von *Selbstermächtigung* oder auch von *Selbstkompetenz*. Damit bezeichnet man »Maßnahmen, die den Grad an Autonomie und

Selbstbestimmung im Leben von Menschen oder Gemeinschaften erhöhen sollen und es ihnen ermöglichen, ihre Interessen (wieder) eigenmächtig, selbstverantwortlich und selbstbestimmt zu vertreten« (Wikipedia). Mir gefällt dieser Begriff. So möchte ich die Christen dazu ermutigen, ihren Glauben selbst in die Hand zu nehmen. Jeder hat im Glauben seine eigene Kompetenz. Denn jeder hat ihn schon erfahren und trägt in sich eine Ahnung von dem, was Glauben bedeuten könnte. Von der Psychologie C. G. Jungs her vertraue ich der Weisheit der Seele. Sie kennt den Glauben. Karl Rahner hat von seiner Philosophie her versucht, nachzuweisen, dass die Seele von ihrem Wesen her religiös, ja sogar christlich ist. Ich möchte diese Einsicht eher von der Psychologie her bestätigen. Unsere Seele weiß, was für sie stimmt. Und das stimmt für mich mit dem Wesen des Christlichen zusammen. Allerdings weiß ich auch, dass viele Sichtweisen des Glaubens, die sich in der Geschichte des Christentums christlich nannten, dieser Weisheit nicht entsprechen.

Ich kann über die Selbstkompetenz im Glauben nur sprechen, wenn ich persönlich daran glaube, dass jeder in sich eine Ahnung von der Weisheit der Seele hat, die dem Glauben entspricht. Diese innere Ahnung möchte ich stärken, sodass Menschen sich zutrauen, auf ihre ganz persönliche Weise ihren Glauben zu leben. Ein Ziel von Empowerment ist es, die eigene Machtlosigkeit zu überwinden und die eigenen Gestaltungsspielräume wahrzunehmen. Viele fühlen sich in der Kirche hilflos. Sie haben den Eindruck, dass die Erneuerungsbewegungen wenig bewirken und selbst kaum daran mitwirken können, dass die Kirche lebendiger wird. Es entmutigt uns eher, wenn wir alles Heil von der Veränderung der Strukturen erwarten, denn das können nicht wir an der Basis tun. Das wäre die Aufgabe der Hierarchie. Darauf zu warten, macht eher aggressiv. Wir sollten unsere Energie daher eher in unsere eigene Kreativität fließen lassen, unseren Glauben auf unsere ganz persönliche Weise auszudrücken und miteinander Formen zu finden, die unseren Glauben mit dem anderer vernetzen.

Dabei sind mir drei Gedanken besonders wichtig: Der erste bezieht sich auf den Glauben. Wir sprechen so leicht von »dem Glauben«. Wir überlegen, ob wir überhaupt glauben, aber dabei haben wir eine ganz bestimmte Form davon im Blick. Wir meinen, wir müssten an Gott glauben, so wie wir ihn bisher verstanden haben. Oder wir sollten all das glauben, was die Kirche lehrt. Für mich geht es dabei eher um die Frage, wie ich mein Leben deute, wie ich es verstehe, wie ich mich selbst verstehe und was meinem Leben Sinn gibt. Glauben ist ein persönlicher Weg, den jeder für sich selbst finden muss.

Der zweite Gedanke, der mich bewegt: Der Glaube will einen Ausdruck finden. Die Art und Weise, wie wir ihn ausdrücken, wandelt sich. Und es kommt darauf an, heute Formen zu finden, die für uns stimmen. Ich möchte die, die nach dem Glauben suchen, ermutigen, ihre ganz persönlichen Formen zu finden. Denn das, was keinen Ausdruck findet, löst sich leicht auf. Das gilt für unsere Emotionen, für die Liebe und Freundschaft und eben auch für den Glauben. Ich möchte daher Anregungen geben, wie wir den Glauben so ausdrücken können, dass es für uns stimmt. Wenn wir gute Formen finden, dann stärkt das unseren Glauben und hält ihn lebendig. Und dann ist es unser ganz persönlicher Glaube, zu dem wir stehen, zu dem wir auch vor anderen stehen, die kein Verständnis dafür zeigen.

Der dritte Gedanke: Selbst wenn der Glaube etwas ganz Persönliches ist, braucht es doch immer wieder die Vernetzung. Das hat die Corona-Krise deutlich gezeigt. Viele haben spontan Verbindung zu anderen aufgenommen, haben gemeinsam eine Kerze ans Fenster gestellt, um unsere Solidarität zu zeigen. Es haben sich neue Rituale entwickelt, wie man gemeinsam Glauben erleben kann. Und so sucht auch der ganz persönliche Glaube nach Vernetzung, nach Formen, die wir gemeinsam leben können. Die Gemeinschaft im Glauben – das ist der alte Begriff der Kirche – stärkt unseren eigenen Glauben.

Meine Gedanken zu diesen drei Aspekten sollen nur Anregungen sein, sodass die Leser und Leserinnen selbst für sich Formen des Glaubens entwickeln können, die für sie passen. Dazu ist am Ende jedes Kapitels Raum für eigene Ideen. Ich möchte alle suchenden Menschen dazu ermutigen, in dieser manchmal gottlos erscheinenden Welt den Glauben zu leben als ein Zeugnis, dass es noch etwas anderes gibt als schnelle Autos und schöne Häuser, als ein dickes Konto und Anerkennung. Und ich möchte den Glauben so darstellen, dass er unserer tiefsten Sehnsucht entspricht und uns mit der Weisheit unserer Seele in Berührung bringt.

Der Glaube als individueller Weg

Der Glaube als individueller Weg ist eine Form von Selbsterfahrung und Selbsterkenntnis. Glauben ist die Suche nach meinem wahren Selbst, nach dem Geheimnis meiner Person. Zum anderen ist der Glaube ein Deuten meines Lebens und meines Weges, und zwar eine ganz bestimmte Weise, dies zu tun. Drittens geht um eine innere Haltung, um ein Leben aus den christlichen Werten oder der Frage: Was macht mein Leben wertvoll? Zu diesen drei Punkten möchte ich hier etwas ausführen.

Glaube als Selbsterfahrung und Selbsterkenntnis

Schon für die griechischen Philosophen galt das Motto, das auf dem Tempel von Delphi stand, als wichtigste Weisung für den Weg des Menschen: *Gnothi seauton* = Erkenne dich selbst. Doch das ist nicht nur ein philosophisches Axiom, sondern darum geht es auch im Glauben. Wer bin ich als Mensch? Was ist mein wahres Selbst? Ein Weg, eine Ahnung davon zu bekommen, ist das ständige Fragen: Wer bin ich? Auf diese Frage werden uns zunächst »äußere« Antworten einfallen: Ich bin Mann oder Frau, Deutscher oder Franzose, alt oder jung, arm oder reich, zufrieden oder unzufrieden. Doch wenn ich immer weiter frage, werde ich keine Worte mehr finden, um das zu beschreiben, was mein wahres Selbst ausmacht.

Nach Ansicht des indischen Jesuiten Anthony de Mello führt das Fragen nach dem Ich letztlich zu Gott, denn die Frage bringt mich immer tiefer in den Grund meiner Seele. Dort ahne ich, wer ich selbst bin. Dieses Selbst kann ich nicht mehr beschreiben. Genau das führt mich letztlich zu Gott, den ich ebenso weder beschreiben noch begreifen kann. Also erahne ich, dass ich auf dem Grund meiner Seele einem Geheimnis begegne, das größer ist als das Ich, von dem die Psychologie spricht. In diesem Geheimnis erahne ich zugleich mein wahres Selbst und Gott als den Unbegreiflichen und Unbeschreiblichen.

Für die frühen Mönche gehörten Selbsterkenntnis und Gotteserkenntnis zusammen. Evagrius Ponticus, ein Mönch aus dem vierten Jahrhundert nach Christus, sagt: »Willst du Gott erkennen, lerne vorher dich selbst kennen.« Die Selbsterkenntnis ist also kein rein psychologischer, sondern zugleich ein spiritueller Weg. Nur durch ehrliche Selbsterkenntnis ahne ich, wer oder was Gott wirklich ist. Ohne Selbsterkenntnis projiziere ich nur meine infantilen Wünsche auf ihn und bin dann enttäuscht, wenn dieser Gott meinen Wünschen nicht entspricht, wenn er nicht der liebe Vater ist, der für mich sorgt, sondern der Gott, der unbegreifliches Leid zulässt. Das Leid der Welt stellt mein oft zu naives Gottesbild infrage. Auch in Bezug auf das Leid gilt die Frage: Wer bin ich in diesem Elend? Und wer ist Gott angesichts des Elends?

Ein wichtiger Weg zum Glauben ist daher die ehrliche Selbsterkenntnis. Die frühen Mönche oder Wüstenväter haben sehr genau ihre Emotionen und Leidenschaften, ihre Bedürfnisse und Schattenseiten studiert. Sie haben das, was sie in sich vorgefunden haben, nicht bewertet. Sie sagten: Wir sind nicht verantwortlich für die Emotionen und Leidenschaften, die in uns sind, sondern nur dafür, wie wir mit ihnen umgehen. Der ehrliche Umgang mit sich selbst ist daher ein Zeichen echter Spiritualität. Menschen oder Glaubensformen, die ständig von Gott sprechen, benutzen Gott jedoch häufig nur, um ihrer eigenen Wahrheit auszuweichen. Auf dem Weg ehrlicher Selbsterkenntnis begegnen wir vielen suchenden Menschen, die ihr Ringen um die innere Wahrheit nicht religiös ausdrücken, aber dennoch nicht nur auf dem Weg zu sich selbst, sondern zugleich zu Gott sind.

Der Glaube als Deutung meines Lebens

Ob wir wollen oder nicht, zu leben bedeutet, unser Leben zu deuten. Wenn ich morgens aufstehe, deute ich meinen Tag entweder als Last, die ich tragen muss, oder ich begrüße ihn dankbar als Chance, die mir gegeben ist, als eine Zeit, in der ich einer sinnvollen Arbeit nachgehe. Wie wir etwas erleben, hängt von unserer Deutung ab. Eine Frau erzählte mir beispielsweise, dass ihr Mann während der Corona-Krise ständig vor dem Fernseher sitzt und sich die Schreckensmeldungen anschaut. Das schwächt ihn, sodass er kaum mehr Energie für seine Familie und für seine Arbeit hat. Er deutet sein Leben negativ und hindert sich dabei selbst an einem sinnvollen Leben. Er ist durchaus ein religiöser Mensch, aber sein Glaube hilft ihm nicht, sein Leben daraus zu deuten.

Die Deutung, die wir unserem Leben geben, hängt von den Deutungsmustern ab, die wir in unserer Familie mitbekommen haben. Viele kennen aus der Kindheit Sprichwörter wie: »Es ist noch kein Meister vom Himmel gefallen.« Mit einem solchen Wort wurden beispielsweise unsere Missgeschicke gedeutet. Das Deutungsmuster hat uns so davor bewahrt, uns bei jedem Fehler zu beschuldigen, ein Versager zu sein. Aber es gab auch Deutungen, die uns nicht gutgetan haben, wie etwa: »Du schaffst das nie.« Oder es gab Denkmuster in der Familie, die uns in unserem Denken eingeschränkt haben, sogenannte Familienskripte: »Bei uns sagt man so etwas nicht. Bei uns trägt man so etwas nicht. Bei uns tut man so etwas nicht.« Als Erwachsene können wir uns von diesen Deutungsmustern distanzieren. Aber dann ist die Frage, welche neuen Muster wir einüben. Der Glaube stellt uns eine gute Alternative vor Augen, unser Leben so zu deuten, dass wir es bewältigen können. In der Tradition des Glaubens gibt es Deutungen, die unserem Wesen entsprechen und von denen eine heilende Wirkung ausgeht. Aber natürlich gibt es gerade auch in frommen Kreisen Deutungen aus einem eher krankmachenden Glauben heraus. Daher dürfen wir die Richtigkeit unserer Deutungsmuster durchaus an der Wirkung auf uns und unser Leben prüfen. Die Deutungsmuster, die uns Jesus in der Bibel an die Hand gibt, helfen uns, als aufrechte, freie und dankbare Menschen zu leben.

Wir deuten unser Leben entweder als sinnlos oder als sinnvoll. Die Auffassung, dass unser Leben einen Sinn hat, ist schon eine religiöse Deutung. Glauben bedeutet nicht, dass ich alles glauben muss, was mir die Theologen vorsagen. Glauben ist in erster Linie eine bestimmte Deutung meines Lebens: keine beliebige, sondern eine solche, die sich in der Vergangenheit bewährt hat. Ich kann mein Leben zum Beispiel mit dem Psalmvers deuten: »Der Herr ist mein Hirte, nichts wird mir fehlen« (Psalm 23,1). Ich muss gar nicht an diese Worte glauben. Ich versuche einfach einmal, einen Tag lang mit diesem Wort zu leben: Wenn das stimmt, wie erlebe ich mich dann? Wie erfahre ich dann den Konflikt bei der Arbeit, das Leid in der Familie? Das Wort lässt mich mein Leben in einem anderen Licht sehen. Eine angemessene Deutung meines Lebens tut mir gut. Der Glaube ist eine solche angemessene Deutung.

Die Frage nach der Deutung kann uns neugierig machen darauf, die Worte der Bibel als heilende und helfende Deutungsmuster für unser Leben zu entdecken. Es findet sich darin eine reiche Tradition, die uns durchaus helfen könnte, unser Leben besser zu verstehen und besser mit den Herausforderungen des Lebens, gerade auch mit den Herausforderungen durch Leid und Tod, umzugehen.

Manche denken beim Stichwort »Glauben« sofort daran, dass sie unverständliche Dinge für wahr halten müssten, zum Beispiel dass Jesus von einer Jungfrau geboren wurde oder dass Jesus in den Himmel aufgefahren ist. Doch all die Sätze des Glaubensbekenntnisses wollen letztlich unser Leben deuten. Wir müssen die Worte nicht als Fakten verstehen, sondern als den Versuch, unserem Leben eine gute Deutung zu geben. Das Glaubensbekenntnis, das im vierten nachchristlichen Jahrhundert seine Form fand, war der Versuch, vor dem kritischen Denken der griechischen Philosophie den Glauben so zu formulieren, dass er vor unserer Vernunft standhält. Dabei wussten die griechischen Kirchenväter, dass ihre Sätze letztlich an das Geheimnis rühren, das größer ist als alle menschlichen Erklärungsversuche. Dogmatik, also die Glaubenslehre, ist für mich die Kunst, das Geheimnis offen zu halten. Wir reiben uns oft an den alten Sätzen. Aber wir haben auch einen Verstand, den wir befriedigen müssen. Daher gilt es, von einer zu engen Sicht des Glaubens Abschied zu nehmen. Er ist die Deutung unseres Lebens, die unserer Wirklichkeit am meisten entspricht und heilsam für uns ist. In meinem Buch »Worte, die uns tragen« habe ich versucht, das christliche Glaubensbekenntnis als Deutung für das Geheimnis unseres Lebens zu verstehen. Und in dem Buch »Wie hältst Du's mit der Religion?« habe ich auf die Fragen der Menschen nach einem vor unserem heutigen Wissen vertretbaren Glauben Antwort gegeben.

Der Glaube als innere Haltung

Ich kenne viele Menschen, die aus der Kirche ausgetreten sind, aber dennoch die Werte leben, wie sie die christliche Tradition kennt. Die Werte der christlichen Tradition gehen zurück auf den griechischen Philosophen Platon, der diese schon 400 vor Christus als sogenannte Kardinaltugenden beschrieben hat. Kardinaltugend heißt: eine Tugend, die mir die Tür *(cardo)* aufschließt – die Tür zu einem guten und wertvollen Leben. Bei vielen Menschen zeigt sich der Glaube in ihrem Handeln nach den Werten, wie sie uns nicht nur der Glaube, sondern auch die philosophische Tradition empfiehlt.

Wenn wir diese Menschen, die sich nicht als kirchentreue Christen bekennen, doch als gläubige Menschen bezeichnen, dann entspricht das den Worten Jesu: »Was ihr einem meiner geringsten Brüder getan habt, das habt ihr mir getan« (Matthäus 25,40). Jesus geht davon aus, dass die Menschen gar nicht wissen, dass sie in den Armen und Notleidenden ihm selbst begegnen. Christ zu sein hat für ihn also nicht mit Glaubensüberzeugungen zu tun, sondern mit konkretem Tun. So gibt es viele Menschen, die instinktiv als Christen handeln, weil sie ein Gespür dafür haben, wer ihrer Hilfe bedarf, und die dann auch tatkräftig zupacken.

Schon der Apostel Paulus verlangt von den Christen, dass sie die oben genannten Tugenden aus der griechischen Philosophie verwirklichen. So schreibt er an die Philipper: »Schließlich, Brüder, was immer wahrhaft, edel, recht, was lauter, liebenswert, ansprechend ist, was Tugend heißt und lobenswert ist, darauf seid bedacht« (Philipper 4,8). Ob jemand wirklich Christ ist, zeigt sich also daran, dass er diese Tugenden lebt. So gibt es viele suchende Menschen, die genau das tun: Sie versuchen, gerecht zu sein, sich selbst und anderen gerecht zu werden. Sie vertreten tapfer ihre Auffassung von Menschlichkeit. Sie stehen mutig zu ihrem Glauben, wenn er von anderen lächerlich gemacht wird. Sie halten das rechte Maß in ihrer Arbeit, im Konsum. Sie verzichten auf maßlose Selbstbilder wie: »Ich muss immer perfekt sein, immer erfolgreich, immer cool.« Und sie sind klug. So fordert es auch Jesus von seinen Jüngern: »Seid klug wie die Schlangen und arglos wie die Tauben« (Matthäus 10,16). Klugheit bedeutet, das für den Augenblick Stimmige zu tun. Und es meint die Befähigung, Entscheidungen zu treffen. All diese Tugenden zu leben, macht den Christen aus. Das haben auch schon die frühen Kirchenväter so gesehen wie etwa Clemens von Alexandrien, der in seinem Buch *Paidagogos* (= Der Erzieher) davon spricht, dass Jesus die Menschen so erziehen möchte, wie es ihrem Wesen entspricht. Dabei übernimmt er wesentliche Erkenntnisse der griechischen Philosophie. Für ihn will sich der Glaube in einer gesunden Lebenskultur ausdrücken.

Ausdrucksformen des Glaubens

Der Glaube will sich ausdrücken. Die christliche Tradition hat viele Formen entwickelt, wie dies geschehen kann. Neben den kirchlichen Ritualen gehört dazu vor allem die sogenannte Volksfrömmigkeit. Das meint nicht veraltete Rituale, wie sie unsere Großeltern gelebt haben und die wir heute gar nicht mehr verstehen. Mit Volksfrömmigkeit meine ich den Versuch, den Glauben in die jeweils konkrete Situation, in der wir leben, zu übersetzen und zum Ausdruck zu bringen. Es meint auch nicht Frömmigkeit für Ungebildete. Vielmehr atmet die Volksfrömmigkeit eine große Weisheit. Sie hat die Fähigkeit, das, was die Menschen in ihrem ganz alltäglichen Leben erfahren, was ihnen in ihrem ganz eigenen Glauben aufgeht, zum Ausdruck zu bringen. Eine lebendige Volksfrömmigkeit – im Gegensatz zu manchen leer gewordenen Volksbräuchen – antwortet auf die Sehnsucht, das Leben mit dem Glauben zu verbinden und das, was Menschen über Jahrhunderte hindurch im Glauben geeint und verbunden hat, in konkreten Ritualen zum Ausdruck zu bringen. Diese Ausdrucksformen haben den Glauben durch all die Zeit wachgehalten.

Volksfrömmigkeit als Protest gegen eine klerikalisierte Liturgie

Volksfrömmigkeit beziehungsweise ihre Ausdrucksformen waren in der Geschichte oft ein Protest gegen eine klerikalisierte Liturgie, also eine Form der Messe und Messfeier, die ausschließlich für den Klerus gemacht schien und vielen Laien als Messbesucher völlig unverständlich blieb. Das begann schon dabei, dass die Messe bis zum Zweiten Vatikanischen Konzil auf Latein gehalten wurde. Nicht nur die Sprache, auch die römische, also von Priestern und kirchlichen Würdenträgern geprägte Mentalität, die sich darin widerspiegelte, entsprach nicht dem Lebenshintergrund der Menschen, die die Messe besuchten. Das hat sich bis heute nicht wesentlich geändert. Auch in unseren Tagen sagen viele, dass sie mit der Liturgie nicht mehr viel anfangen können. Die Sprache geht an ihnen vorbei. Sie sehen keinen Bezug zu ihrem Leben. Ähnlich empfanden es schon die Menschen im Mittelalter. Sie suchten daher nach eigenen Formen, ihren Glauben auszudrücken. Volksfrömmigkeit versucht, den Glauben »alltagsnah und alltagswirksam« zu machen (vgl. Mödl 49). Der deutsche Theologe und Liturgiewissenschaftler Andreas Heinz nennt die Volksfrömmigkeit eine »Religion von unten«. »Sie erwächst aus dem Wurzelboden einer natürlichen, allgemeinmenschlichen Religiosität« (Heinz, Volksfrömmigkeit, 1381). Daher hat die Volksfrömmigkeit oft auch Formen und Rituale übernommen, wie sie früher die Griechen, die Römer, die Germanen, die Kelten und andere Völker praktizierten. Manche erhoben daher den Vorwurf, in dieser Art der Religion seien heidnische Elemente übernommen worden. Es war aber eher so, dass ursprünglich heidnische Rituale und Bräuche christlich gedeutet und mit christlichem Inhalt gefüllt wurden. Man hat sie also sozusagen christlich »getauft«, um den Menschen nicht liebgewonnene und ihnen wichtige Feste und Feiern einfach aus dem Leben zu streichen oder gar zu verbieten. Vielmehr ging es auch hier wieder um die Deutung: Die Bräuche blieben gleich, sie hatten aber jetzt eine andere (christliche) Bedeutung und waren daher für die Menschen viel leichter zu akzeptieren und zu verstehen.

Heute haben sich vor allem in Lateinamerika moderne Formen der Volksfrömmigkeit entwickelt. Man nennt sie dort die »Religion der Armen« und will »den Gottesdienst in den Alltag verlängern und das alltägliche Leben an Gott zurückbinden« (Heinz, Volksfrömmigkeit, 1384). Ein brasilianischer Theologe nennt die Volksfrömmigkeit »einen Schrei nach dem Leben, das Gott allen gibt« (Irarrazaval, 861). Sie entsteht also aus dem Volk für das Volk. Daher bräuchte es auch in unserer Zeit eine neue Form von Religion für die Menschen mitten in der Welt, eine Form, die der Weite und Weisheit entspricht, wie sie in allen Kulturen und Religionen der Welt vorhanden ist.

Rituale als Struktur für Raum und Zeit

Eine Weise, den Glauben auf persönliche Weise auszudrücken, sind Rituale. Rituale sind immer wiederkehrende, einfache Verhaltensweisen. Die griechische Philosophie sagt: Wie unsere Feste durch bestimmte Rituale gestaltet sind, ist es auch unser Leben – weil es ein Fest ist. Rituale haben also nichts mit Leistung zu tun. Gott braucht unsere Rituale nicht. Aber wir brauchen sie. Sie tun uns gut. Sie zeigen, dass unser Leben einen Wert, eine Würde hat. Der Philosoph Joseph Pieper sagt: Ein Fest zu feiern bedeutet Zustimmung zum Leben. In den Ritualen sagen wir also Ja zu unserem Leben. Und wir haben Lust, es zu gestalten. In der griechischen Philosophie gibt es noch ein anderes Bild für Rituale: Sie schaffen eine heilige Zeit. Heilig ist das, was der Welt entzogen ist, worüber die Welt keine Macht hat. Rituale sind also Zeiten, die mir gehören. Da habe ich das Gefühl: Ich lebe selbst, anstatt gelebt zu werden. So vermitteln Rituale innere Freiheit. Und sie sind immer auch heilsam. Denn auch die Einsicht stammt aus der griechischen Philosophie: Allein das Heilige vermag zu heilen. Es gibt auch rein weltliche Rituale, die uns eine gute Form zu leben vermitteln. Aber vom Ursprung her wollen Rituale den Himmel über uns öffnen. Sie sind ein Weg, den Glauben konkret ins Leben hinein zu übersetzen und ihm einen konkreten Ausdruck zu verleihen.

Es gibt persönliche Rituale, mit denen ich meinen Glauben ausdrücke. Aber sie haben immer auch eine vernetzende Bedeutung. Wir feiern daher auch Rituale, die andere schon vor uns praktiziert haben und die von vornherein auf gemeinsames Tun angelegt sind. Für dieses gemeinsame Tun hat unsere Gesellschaft heute ein neues Verständnis entwickelt. Es gibt öffentliche Trauerrituale, wenn ein Unglück die ganze Gesellschaft berührt. Und es gibt die gemeinsamen Events wie die Weltmeisterschaft oder wöchentlichen Fußballspiele in der Bundesliga, die oft durch Rituale gestaltet werden.

Die Religionspsychologie und die Soziologie haben sich in letzter Zeit eingehend mit dem Thema Ritual beschäftigt. Rituale haben eine ordnende und strukturierende Kraft. Das Wort Ritus kommt vom Sanskritwort rta. Es bedeutet Zählung, Brauch, Ordnung. Rituale ordnen den Raum. »Der ungeordnete Raum gilt als chaotisch und gefährlich. Der Ritus dagegen trennt den sicheren vom unsicheren Bereich. Er ermöglicht, dass ein besonderer, heiliger Ort« (Sundermeier, TRE 261) entsteht. Rituale ordnen ebenso die Zeit. Auch hier gilt: »Der unstrukturierte, ununterbrochene Strom der Zeit ist dem Menschen unerträglich. Er braucht den überschaubaren Zeitabschnitt, die herausgehobene Zeit, die wiederum den Normalfall der Zeit erträglich macht und ungefährlich sein lässt« (Sundermeier, TRE 261). Was die Religionspsychologie über das Ritual weiß, gilt auch für die persönlich entwickelten Rituale. In ihnen ordnen wir als Menschen ebenfalls den Raum unseres Lebens und geben ihm Struktur. Der Raum, in dem ich wohne, wird zum heiligen Raum, zum geschützten Ort, an dem ich mich sicher und geborgen fühle. Manche reservieren in ihrer Wohnung auch einen Raum und machen ihn zum heiligen Raum, in den sie immer wieder eintauchen können, um allein mit sich und mit Gott zu sein, um in Berührung zu kommen mit heiligen und heilenden Kräften ihrer Seele. Die persönlichen Rituale ordnen ebenso die Zeit unseres Lebens. Sie geben dem Tag eine gute Struktur, was gerade in Ausnahme- und Krisenzeiten eine wichtige Hilfe sein kann. In einer strukturierten Zeit lässt sich gut leben. Rituale geben unserem Leben einen gesunden Rhythmus. Die Natur hat ihren Rhythmus, der Mensch hat einen Biorhythmus. Wenn ich meinen Tag gut strukturiere, fühle ich mich darin zu Hause. So schaffen Rituale immer auch Heimat. Sie geben mir das Gefühl, dass ich ein gutes Leben führe, dass ich mich geborgen weiß und geschützt.

Mir ist wichtig geworden, was Hans Joas zum Ritual schreibt. Er geht davon aus, »dass ein Ritual eine kontrollierte Umwelt schafft, die die Mechanismen des Alltagslebens zeitweise außer Kraft setzt. Damit können Idealzustände erlebbar gemacht werden, und zwar so, dass sie nach Rückkehr in den Alltag als intensive Erfahrungen im Gedächtnis bleiben« (Joas, Die Macht des Heiligen, 163). Was mir an dieser Aussage elementar erscheint: Wir schaffen uns durch die Rituale eine eigene Welt für eine gewisse Zeit. Diese Welt ist nicht bestimmt von den Mechanismen des Alltags, von Hektik, von Erwartungen und Ansprüchen, von Arbeit und Sorgen. Und wir erleben uns selbst anders im Ritual. Doch dieses neue Erleben ist keine Flucht aus der Realität, sondern wir schaffen im Ritual eine alternative Welt, die es uns ermöglicht, auch im Alltag auf neue Weise zu leben. Die Welt, in die wir im Ritual eintauchen, relativiert die alltägliche Welt, die uns oft genug erdrückt. Und die Erfahrungen, die wir im Ritual machen, bleiben in unserem Gedächtnis. Sie werden zu einer inneren Wirklichkeit in uns und prägen so auch das äußere Leben im Alltag.

Wenn wir aus diesen Gedanken eine Art Bauanleitung für selbst gefundene Rituale entwickeln, so brauchen wir dazu zum einen Fantasie, uns heilige Räume zu schaffen, den verschiedenen Räumen in unserer Wohnung eine je eigene Bedeutung zu geben oder aber zum Beispiel das Betreten bestimmter Räume mit einem Ritual zu verbinden. Das kann nur ein kurzer Gedanke sein: Ich gehe jetzt bewusst in mein Wohnzimmer, den Raum des Wohnens, des Miteinanders, einen gastfreundlichen Raum. Zum anderen brauchen wir die heilige Zeit, die wir uns durch Rituale schaffen. Diese heilige Zeit kann in mir einen Idealzustand schaffen: Ich erlebe diese Zeit als meine Zeit, in der ich frei bin von Wünschen und Erwartungen, in der ich eins bin mit mir selbst und mich auf neue Weise erlebe: als spirituellen Menschen, der in dieser sichtbaren Welt die Spuren der Transzendenz erkennt, der diese Welt übersteigt in eine andere jenseitige Welt hinein, in der er seine Seele gleichsam wie beflügelt erlebt.

Der Ansatz des katholischen Soziologen Hans Joas atmet für mich eine große Weite. Er ermutigt auch die Menschen, die sich als nicht kirchlich bezeichnen, für sich Rituale zu entwickeln. Zugleich dürfen sie sich dabei bewusst werden, dass diese persönlichen Rituale auch die Beziehung zu den Menschen prägen und dass sie oft genug Verbindungsrituale sind, in denen sie sich anderen Menschen verbunden fühlen, nicht nur mit denen, an die sie denken, sondern auch mit denen, die ihnen vorausgegangen sind. Denn bei allen selbst entwickelten Ritualen erfahren wir, dass wir an den Erfahrungen teilhaben, die Menschen vor uns mit Ritualen gemacht haben. Daher sind sie zwar oft spontan, sie zielen aber auch auf Dauer. Und sie haben teil an der Geschichte. In den Ritualen kommen wir daher in Berührung mit den Wurzeln, die uns tragen.

So möchte ich im Folgenden Rituale beschreiben, die unseren persönlichen Glauben ausdrücken, und Rituale, die uns mit anderen verbinden. Dabei geht es mir um solche, mit denen wir den Alltag gestalten. Rituale sind ein konkreter Weg, den Glauben in den Alltag hineinzubringen und diesen aus dem Glauben heraus zu leben. Dann möchte ich Rituale beschreiben, die den Jahreskreis strukturieren und feiern. Viele Menschen haben heute wieder ein neues Gespür für die verschiedenen Qualitäten der Jahreszeiten entwickelt. Frühling, Sommer, Herbst und Winter haben einen eigenen Geschmack. Und sie brauchen je verschiedene Rituale, die diesen Zeiten entsprechen.

Rituale, die den Alltag gestalten

Morgenrituale

Schon am Morgen macht es einen Unterschied, wie ich den Tag beginne. Ich kann zum Beispiel in den Tag hineinstolpern und mich schon vor dem Aufstehen von meinen Terminen bestimmen lassen, die mir dann in den Kopf kommen. Ich kann den Tag aber auch bewusst beginnen; achtsam aufstehen, mich achtsam duschen und achtsam die Zähne putzen, achtsam das Fenster öffnen, um die frische Luft zu genießen. Dann bekommt der Tag schon einen anderen Geschmack. Oder ich beginne den Tag mit einem Ritual. Das kann eine stille Meditation sein. Oder ich mache eine Segensgebärde: Ich stelle mich aufrecht hin, erhebe die Hände und stelle mir vor, dass der Segen durch meine Hände zu den Menschen strömt, mit denen ich zusammenwohne. Der Segen Gottes hüllt die Kinder, den Partner, die Eltern, die Mitbewohner ein wie mit einem schützenden Mantel. Und der Segen Gottes durchdringt jeden, sodass er mit sich selbst in Einklang kommt.

Ich kann mir auch vorstellen, dass der Segen Gottes in die Räume meiner Wohnung strömt: in das Wohnzimmer, dass das

Miteinander gesegnet wird, in das Schlafzimmer, dass mein Schlaf gesegnet wird, in die Küche, dass alles, was zubereitet wird, zum Segen wird für die Bewohner, in die Kinderzimmer, dass die Kinder in gesegneten Räumen wohnen, und in das Arbeitszimmer, dass alles, was ich in die Hand nehme, Segen bringt.

Anschließend kann ich den Segen zu den Menschen strömen lassen, mit denen oder für die ich heute arbeite oder denen ich heute begegnen werde. Dann werde ich anders in den Tag gehen. Der Tag beginnt mit Gott und er steht unter seinem Segen.

Bei Führungsseminaren übe ich mit den Teilnehmern diese Segensgebärde. Inzwischen machen sie viele Manager von sich aus, in ihrem Alltag. Sie spüren, dass sie damit den Tag gut anfangen und mit einem anderen Gefühl an die Arbeit gehen. Denn wie wir das tun, hängt von den inneren Bildern ab, die wir mit uns tragen. Manche gehen mit dem Gefühl an die Arbeit: »Hoffentlich treffe ich heute den unangenehmen Kunden nicht«, oder: »Hoffentlich ist mein Chef heute gut gelaunt«. Dann machen sie ihr Gefühl für die Arbeit von negativen Bildern abhängig. Der Segen ist ein positives Bild. Wir gehen dann zu gesegneten und nicht zu schwierigen Menschen, vor denen wir uns ständig in Acht nehmen müssen.

Ich kann den Tag auch mit einem Waldlauf beginnen. Dann kommt es darauf an, dass ich mich bewusst von negativen Emotionen freilaufe, dass ich die Natur wahrnehme, die frische Luft, den Duft des Waldes. Ich kann mir vorstellen, dass mich überall Gott umgibt, dass ich in der Natur etwas von Gottes Liebe wahrnehme, die alles durchdringt.

Es gibt viele Rituale, mit denen ich den Tag beginnen kann. Manche tun es beispielsweise mit einer Schweigemeditation. Wichtig ist, dass ich mir ein Ritual aussuche, das mir guttut und auf das ich mich jeden Morgen freue. Natürlich braucht es dann auch eine gewisse Disziplin, es jeden Morgen zu üben. Allerdings sagt uns die Verhaltenspsychologie: Ob ich einen Vorsatz umsetze oder nicht, ist nicht Sache von Willensstärke, sondern von Klugheit. Ich soll also klug überlegen, was möglich und praktizierbar ist. Wenn ich das Ritual ständig aufschiebe, kann ich mich fragen, ob es klug war, es mir vorzunehmen oder ob ich damit vielleicht nur meinen Ehrgeiz befriedigen wollte.

In vielen Familien verabschieden die Eltern die Kinder, die in den Kindergarten oder in die Schule gehen, mit einem Kreuzzeichen auf der Stirn. Das gibt den Kindern einmal das Gefühl, dass sie wahrgenommen werden, zum anderen ein Gefühl von Schutz und Geborgenheit. Man kann das Kreuzzeichen mit einem guten Wort verbinden: »Gott segne dich. Gott schütze dich«. Oder weniger fromm: »Ich wünsche dir einen gesegneten, einen guten Tag.«

Meine Rituale

. . . .

. . . .

. . . .

Rituale über den Tag

Rituale sind heilsame Unterbrechungen. Tagsüber gibt es genügend Gelegenheiten, die Turbulenzen, die bei der Arbeit entstehen, zu unterbrechen. Es ist sinnvoll, kurze Pausen zu machen, etwa vor einer Sitzung oder nach einer anstrengenden Arbeit. In der Pause kann ich dankbar zurückschauen auf das, was ich gerade erledigt habe. In der Bibel steht, dass Gott sein Werk am siebten Tag vollendet hat, indem er ausruhte (Genesis 2,1f). Das ist für mich ein schönes Bild. Viele hetzen von einer Arbeit zur anderen. Keine wird vollendet, weil man sich den Augenblick der Ruhe nicht gönnt, in dem man dankbar zurückschaut. Bei Gott heißt es: »Er sah, dass alles sehr gut war« oder wie die Griechen übersetzen: »dass alles sehr schön war«. So ein kurzer Augenblick des Zurückschauens gibt uns neue Kraft für den nächsten Schritt.

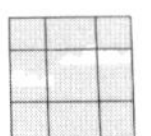

Alltägliche Wege

Heilsame Unterbrechungen sind auch die Wege, die wir laufen: der Gang in ein anderes Büro, zu einem Kollegen oder auch den Gang zur Toilette. Wir können diese Wege möglichst schnell hinter uns bringen, dann bleiben wir in der Hetze stecken. Oder wir gehen bewusst die paar Schritte, vielleicht auch bewusst langsam, dann wird das Gehen zu einem Ritual, das die innere Ruhe wiederherstellt.

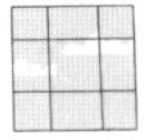

Mittagspause

Eine weitere wichtige Unterbrechung ist die Mittagspause. Auf dieses Ritual sollten wir achten. Viele essen ihr Brot, das sie mitgebracht haben, und lesen und schreiben dabei Mails. Das ist keine Pause. Pausen, so sagen die Gehirnforscher, braucht unser Gehirn, um sich zu regenerieren und offen zu sein für kreative Lösungen. Ein Bankdirektor erzählte mir, dass er sich in der Mittagspause in eine stille Kirche setzt. Da kommt er zur Ruhe und erholt sich besser, als wenn er in der Kantine mit seinen Kollegen über die Bankgeschäfte diskutiert.

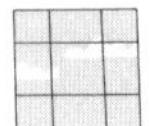

Tischgebet

Ein Ritual, das alle Kulturen und Religionen kennen, ist der Segen der Speisen, die wir zu uns nehmen. Auch wenn ich allein in der Mittagspause mein Brot esse, kann ich kurz innehalten und das Brot segnen, ob im Stillen oder laut ausgesprochen. Ich kann darum bitten, dass es mich stärkt, und danken für alle, die mir das Brot ermöglichen. Heute scheuen sich viele, vor dem gemeinsamen Mittagessen ein Gebet zu sprechen. Es muss nicht gesprochen werden, es kann auch nur ein kurzes Schweigen sein, das uns auf die Mahlzeit vorbereitet. Das Wort »Mahl« hat die gleiche Wurzel wie »*medicus*«, lateinisch für »Arzt«. Es geht nicht nur um eine Sättigungszeit, sondern um eine Mahlzeit, die uns füreinander öffnet und für die Gaben, die Gott uns schenkt. Wenn ich zum Mittagessen eingeladen werde, nehmen viele es dankbar an, wenn ich vor dem Mahl ein kurzes Gebet spreche. So ein Ritual berührt auch Menschen, die sonst nicht viel mit Religion anfangen können.

Stoßgebet

In der christlichen Tradition gibt es sogenannte Stoßgebete, die häufig spontan gesprochen werden. Oft sind es nur wenige

Worte, wie: »Herr, hilf mir!« oder »Herr, segne das Gespräch!« oder »Dein Wille geschehe!«. Es ist eine gute Übung, vor einer Konferenz, einem Gespräch, einer Begegnung kurz innezuhalten und ein solches Stoßgebet zu sprechen: »Herr, segne die Begegnung. Segne die Menschen, die daran teilnehmen.« So ein Gebet braucht kaum Zeit. Aber ich gehe dann anders in die folgende Situation. Man kann ein solches Stoßgebet auch vor einer schwierigen Aufgabe oder schwierigen Begegnung sprechen. Es befreit uns von dem Druck, den wir uns in solchen Situationen häufig selbst machen, oder von der Furcht vor Unangenehmem.

Glockenläuten

In jeder Stadt läuten um zwölf Uhr mittags und oft auch morgens um sechs und abends um sieben Uhr die Glocken. Traditionell heißt dieses Läuten Angelusläuten und geht auf ein Gebet zurück, das man früher zum Glockenläuten sprach, den »Engel des Herrn«. In den Klöstern wird es auch heute noch dreimal am Tag gebetet und es gibt noch immer viele Christen, die sich von den Glocken an dieses Gebet erinnern lassen. Wem das fremd ist, der kann einfach das Glockengeläut bewusst wahrnehmen. Die Glocken öffnen den Alltag für eine andere Dimension. Im Buddhismus haben die Glocken die Aufgabe, die Harmonie der Welt zu bewirken. Da gibt es beispielsweise Glocken, die die richtige Schwingung in die Materie bringen, dann in die Pflanzen, in die Tiere und in die Menschen. Wenn hierzulande die Glocken am Morgen, am Mittag und am Abend läuten, kann man – ohne zu beten – einfach auf die Glocken hören und sich vorstellen: Sie bringen in diese zerrissene Welt wieder Harmonie, sie bringen in meine aufgewühlte Seele wieder Ruhe und Frieden. Sie erzeugen in mir eine gute Schwingung und Stimmung. Und ich kann mir vorstellen: vom Glockenläuten geht Segen aus für mich und für die Menschen, mit denen ich zu tun habe.

Magische Gegenstände

In unserer aufgeklärten Zeit versuchen wir, alles rational anzugehen. Aber ich kenne sehr nüchtern denkende Menschen, die doch ihre »magischen Ecken« haben. Da nimmt ein durchaus aufgeklärter Mann auf Reisen in einer kleinen Dose den Rosenkranz seiner Mutter mit. Das gibt ihm das gute Gefühl, dass die Reise gut wird und er beschützt wieder heimkehren wird. Viele Theologen schauen verächtlich auf solche magischen Relikte des modernen Menschen. Das seien infantile Formen des Denkens, argumentieren sie. Doch der Religionswissenschaftler Adolf Ellegard Jensen bezeichnet Magie als einen Ausdruck kreativer Religiosität. Der Religionspsychologe Jean Gebser sieht in der Magie einen schöpferischen Beitrag zum religiösen Erleben. Natürlich gibt es den Missbrauch dieser Magie, wenn daran falsche Versprechen oder negative Folgen geknüpft werden wie beispielsweise ein Fluch oder ein Lottogewinn oder Ähnliches. Der Arzt Wilhelm Bitter meint, jeder Mensch habe auch eine magische Weise des Denkens in sich.

Viele aufgeklärte Menschen genieren sich, ihre magischen Seiten zu zeigen. Aber heimlich tragen sie dann doch ein Andenken vom Vater oder von der Mutter bei sich. Sie haben den Eindruck, dass in diesem Gegenstand die stärkende, schützende und heilende Kraft des Vaters oder der Mutter bei ihnen ist. Magie in ihrer positiven Bedeutung möchte den Glauben konkretisieren und Wirklichkeit werden lassen.

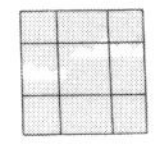

Rituale beim Nachhausekommen

Schwellenrituale, also das Innehalten beim Betreten oder Verlassen eines Raumes, gibt es in allen Religionen. Ein Schwellenritual, das wir täglich und meist unbewusst vollziehen, ist das Nachhausekommen. Manche schließen einfach nur die Tür auf und betreten mit dem ganzen Chaos, das die Arbeit in ihrem Kopf bewirkt hat, ihr Haus. Dann wird der Raum besetzt von der Arbeit, von den Verletzungen, die man erfahren, den negativen Worten, die man gehört hat. Daher ist es gut, das Schwellenritual bewusst zu vollziehen. Das kann darin bestehen, dass ich langsam die Haustüre öffne und mir sage: »Alles, was ich draußen erlebt habe, bei der Arbeit, beim Einkaufen, bei Kundenbesuchen, das bleibt draußen. Ich gehe in mein Haus. Das gehört mir und meiner Familie. Da erteile ich all den Problemen, die mich tagsüber belastet haben, Hausverbot. Ich lasse mein Haus nicht von den äußeren Erlebnissen beherrschen. Ich wohne in diesem Haus und lasse keine fremden Hausbesetzer hinein.«

Manche erweitern dieses Schwellenritual, indem sie beim Betreten ihres Hauses Weihwasser nehmen und sich damit bekreuzigen. Sie reinigen sich dabei von den negativen Gedanken und Gefühlen, die sie mitbringen, und von den verletzenden Worten, die sie gehört haben. Sie reinigen sich von allen Trübungen, um so bewusst in ihr Haus zu gehen, das rein bleibt von der emotionalen Umweltverschmutzung, der sie sich oft ausgesetzt fühlen.

Meine Rituale

Abendrituale

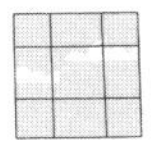

Die Schale

Bei meinen Kursen, die ich in unserem Gästehaus halte, vollziehe ich mit den Kursteilnehmern immer folgendes Abendritual: Wir halten die Hände in Form einer Schale vor uns hin und stellen uns dabei vor: Ich halte den Tag mit all den Gesprächen und Begegnungen und Erlebnissen Gott hin. Ich verzichte darauf, ihn zu bewerten. Ich denke also nicht: »Hätte ich mich doch anders entschieden. Wäre ich doch im Gespräch mit meinem Sohn, meiner Tochter oder mit dem Mitarbeiter achtsamer und freundlicher gewesen.« Der Tag ist vorbei. Ich kann ihn nicht mehr ändern. Das Grübeln über das, was hätte sein oder ich hätte tun können, hindert mich daran, ihn loszulassen.

Daher halte ich den Tag Gott hin und vertraue darauf, dass er das vergangene Gespräch, die vergangenen Begegnungen und mein Tun in Segen verwandelt. Dann kann ich den Tag in Gottes gute Hände fallen lassen und mich in seinen Händen bergen. Ich schaue bewusst mit der Brille der Dankbarkeit auf den vergangenen Tag. Es gibt immer etwas, für das ich danken kann: für eine Begegnung, ein Erlebnis, meine Familie, meine Freunde. Die Dankbarkeit erfüllt mich mit Freude und Ruhe.

Auch wenn ich abends spät heimkomme, vollziehe ich das kurze Ritual, dass ich meine Hände in der Form der Schale halte und Gott meinen Tag hinhalte. Ich verzichte darauf, den Tag zu bewerten. Ich danke für den Tag so, wie er war, für das Gute und Schöne und für das Schwierige. So kann ich den vergangenen Tag loslassen und mich in der Nacht in Gottes guten Händen bergen.

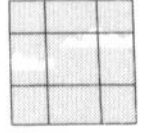

Tagebuch schreiben

Andere haben als Abendritual, dass sie sich die Zeit nehmen, ein paar Gedanken aufzuschreiben, die ihnen jetzt am Abend wichtig erscheinen. Manche notieren einfach, was sie an diesem Tag getan haben. Andere geben nur ihr Gefühl wieder. Wieder andere überlegen bewusst, wofür sie dankbar sind. Und das schreiben sie auf. Man kann sich dazu ein Tagebuch anlegen. Form und Größe spielen keine Rolle, aber es sollte so aussehen, dass man es gerne zur Hand nimmt und gerne darin schreibt. Man kann das Buch auch zu einem Wegbegleiter oder einer Erinnerungsschatzkiste ausgestalten, indem man darin Texte, Erinnerungsstücke, Konzertkarten, Rezepte oder was immer einem wichtig erscheint, einklebt oder einheftet.

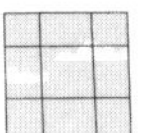

Den Tag umarmen

Ein anderes Ritual praktiziere ich manchmal mit Kursteilnehmern oder am Ende eines Vortrags: Wir kreuzen die Arme vor der Brust und umarmen den vergangenen Tag mit allem, was gelungen und was misslungen ist, mit den getroffenen und den aufgeschobenen Entscheidungen, mit dem Gelebten und Ungelebten, mit der Freude und der Trauer, mit dem Gesunden und dem Kranken.

Und wir schützen in dieser Kreuzgebärde den inneren Raum der Stille auf dem Grund unserer Seele. In diesen inneren Raum der Stille kann ich ein 1600 Jahre altes Abendgebet sprechen.

Für manche klingt das altmodisch. Aber man kann sich dabei vorstellen, dass diese alten Worte angereichert sind durch die Glaubenserfahrung der Menschen, die mit diesem Gebet ihren Tag beschlossen haben. Wir brauchen dann gar nicht gläubig zu sein. Wir fühlen uns getragen durch den Glauben derer, die in diesen Worten ihren Glauben ausgedrückt haben.

Erstaunlich ist, dass mich viele dann fragen, wo sie dieses Gebet finden können. Es lautet:

Herr, kehre ein in dieses Haus
und lass deine heiligen Engel darin wohnen.
Sie mögen uns in Frieden behüten.
Und dein heiliger Segen sei allezeit über uns
und um uns und in uns.
Darum bitten wir durch Christus
unseren Herrn. Amen.

Meine Rituale

. . . .

. . . .

. . . .

. . . .

Sonntagsrituale

Dass der Sonntag ein besonderer Tag ist, ist in unser abendländisches Bewusstsein tief eingedrungen. Wenn ich beispielsweise in Asien bin, spüre ich keinen Unterschied zwischen Werktag und Sonntag. Auch am Sonntag sind alle Geschäfte offen. Anstatt in den Tempel strömen die Menschen in die Einkaufszentren. In den meisten europäischen Ländern sind am Sonntag dagegen die Geschäfte geschlossen und auch einiges, das die Sonntagsruhe stören könnte, verboten. Man sieht viele Menschen auf der Straße, im Park, in den Restaurants und Cafés, die sich Zeit nehmen, um ihren Hobbys nachzugehen oder sich mit anderen zu treffen.

Bei der Gestaltung des Sonntags sind aber heute viele Menschen unsicher geworden. Der Gottesdienstbesuch ist für die meisten nicht mehr das Ritual, das den Sonntag prägt. Manche planen Ausflüge. Andere genießen den Sonntag zu Hause. Sie stehen später auf, lassen sich Zeit für das Frühstück und ziehen sich bewusst sonntäglich an.

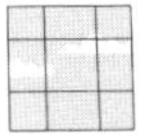

Eucharistie

Als Mönch plädiere ich natürlich dafür, am Sonntag in den Gottesdienst zu gehen. Für mich ist das der Höhepunkt dieses Tages. Aber ich verstehe auch die Menschen, die mit der Eucharistiefeier nicht viel anfangen können. Sie ist ihnen fremd geworden. Manchmal liegt es an der Liturgie, manchmal auch am Priester, der das Ritual nur abspult und dessen Predigt an den Menschen vorbeigeht. Manchmal liegt es auch an der Trägheit der Gemeinde, zu der man sich nicht zugehörig fühlt. Es hilft nicht weiter, wenn die Theologen darauf bestehen, dass die Eucharistiefeier der Höhepunkt christlicher Glaubensausübung ist. Es braucht zum einen eine Feier der Eucharistie, die die Menschen berührt, und zum anderen eine neue Deutung dieser Feier.

Wenn ich Führungsseminare halte, lade ich alle auch zur Eucharistiefeier ein. Ich erkläre den Teilnehmern, dass die Eucharistie die Feier unserer eigenen Verwandlung ist. Ich zitiere C. G. Jung, der ein ganzes Buch über die Wandlungssymbole der katholischen Messe geschrieben hat. Und wir vollziehen in der Messe dann gemeinsam den Ritus der Gabenbereitung als Verwandlungsritus:

Wir halten unsere Hände hoch, um unser Brot der Mühsal Gott hinzuhalten, damit er es uns zurückgibt als Brot des Lebens, das vom Himmel herabkommt und uns nährt auf dem Weg durch die Wüste unseres Lebens.

Dann halten wir in der Kelchgebärde den Kelch des Leids – unseres eigenen oder des Leids der Menschen, an die wir gerade denken – Gott hin, damit er ihn in einen Kelch des Heils wandle, dass die Wunden der Menschen geheilt werden. Mit der Kelchgebärde können wir noch drei andere Bilder verbinden: Wir halten den Kelch der Bitterkeit Gott hin. Oft werden wir bitter, wenn unser Leben nicht so läuft, wie wir es uns vorgestellt haben. Wir vertrauen darauf, dass Gott unsere Bitterkeit in Süßigkeit verwandelt. Dann gibt es im Judentum den Brauch des Trauerkelchs. Wir halten unsere Trauer über den Tod lieber Menschen, aber auch über verpasste Lebenschancen, zerbrochene Lebensträume und über unsere eigene Durchschnittlichkeit

Gott hin, damit er sie in Trost verwandelt, damit wir wieder Boden unter den Füßen spüren. Der Kelch, der mit Wein gefüllt ist, das mit Wasser vermischt wird, steht zudem für unsere »vermischte« Liebe: Sie ist oft vermischt mit Zweifel, Eifersucht, Neid, Enttäuschung, Verletzung, Besitzansprüchen, aggressiven Gefühlen. Wir halten unsere vermischte Liebe Gott hin, damit er sie in reine Liebe verwandelt.

Die Führungskräfte lassen sich meist gerne auf die Eucharistiefeier ein, obwohl sie vielleicht jahrelang nicht im Gottesdienst waren. Sie sind durchaus offen, wenn man ihnen die Eucharistiefeier so erklärt, dass sie sich darin wiederfinden. Manche, die sich von den Texten und Riten der Eucharistie nicht angesprochen fühlen, nehmen diese Zeit bewusst als heilige Zeit, in der sie in eine andere Welt eintauchen. Für den jüdischen Philosophen Max Horkheimer haben Gottesdienste die Aufgabe, in den Menschen die Sehnsucht nach dem ganz Anderen wachzuhalten. Und damit erfüllen sie eine wichtige Aufgabe für unsere Gesellschaft. Denn jede Gesellschaft hat eine totalitäre Tendenz. Sie möchte das ganze Leben der Menschen bestimmen. Die Gottesdienste sind gleichsam ein Freiraum, in dem wir aufatmen, ohne etwas leisten oder vorweisen zu müssen.

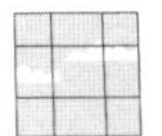

Sabbatlich leben

Wenn man keinen Zugang zur Eucharistie hat oder wenn die äußeren Verhältnisse die Teilnahme verhindern oder erschweren, dann gibt es andere Möglichkeiten, den Sonntag bewusst zu begehen. Manche Familien haben als Sonntagsritual ein gemeinsames Frühstück, zu dem sie sich viel Zeit lassen. Ich kenne einen Single, der sich am Sonntag bewusst für das Frühstück besser anzieht und das Essen wirklich feiert. Er lässt Musik dazu laufen und nimmt sich ausgiebig Zeit. Für unsere Sonntagskultur könnten wir von der jüdischen Tradition lernen, in der der Sabbat eine wichtige Rolle spielt. An diesem Tag steht die Ruhe in jeder Hinsicht im Mittelpunkt. Die Menschen nehmen sich Zeit zum Lesen und zu Gesprächen, und es ist verboten, zu arbeiten oder sich zu weit von zu Hause wegzubewegen. So können wir uns am Sonntag bewusst Zeit nehmen, ein gutes Buch zu lesen oder einen längeren Spaziergang zu machen. Ob wir allein leben oder in einer Partnerschaft oder Familie, wir sollten uns eine eigene Sonntagskultur schaffen.

Manche sind am Sonntag nur auf der Flucht vor sich selbst, weil sie mit sich und ihrer Zeit nichts anfangen können. Das tut nicht gut. Der Sonntag ist ein Tag der Einkehr und des Innehaltens, damit wir im Inneren die Haltungen finden, die uns Halt geben in unserem Leben. Die Sabbatkultur hat, ähnlich wie bei uns der Sonntag, auch das Leben der Menschen geprägt, die nicht so tief im jüdischen Glauben verwurzelt sind. Die Kultur des Sabbats gehört zu ihrer Identität dazu. Das Christentum hat diese Kultur übernommen, indem sie all das, was die Juden vom Sabbat erwarteten, auf den Sonntag verlegten. Heute ist die Sonntagskultur in Gefahr, dem Profitdenken zum Opfer zu fallen. Wenn ich in Asien bin, dann sehne ich mich am Sonntag nach Hause, nach einem Tag, der geprägt ist durch Ruhe, Sich-Zeit-Lassen, Nichtstun. Wir sollten diese Kultur nicht so einfach aufgeben.

Meine Rituale

Segensrituale

Bei meinen Kursen im Gästehaus lade ich die Teilnehmer häufig ein, vor der Eucharistiefeier Gegenstände auf den Altar zu legen, die ich dann am Ende segne. Ich erkläre vorher, was das Segnen von Gegenständen für uns heute bedeuten kann. Das hat nichts mit Magie zu tun. Der gesegnete Gegenstand erinnert mich vielmehr auch im Alltag daran, dass Gottes Segen mich überall begleitet.

Die Gegenstände sind Symbole, durch die Gott zu mir spricht. Der Ring, den ich trage, ist Symbol für die Liebe. Meine Liebe hat teil an der unendlichen Liebe Gottes, die alles, was in mir brüchig ist, ganz macht und das Kantige in mir abrundet. Das Kreuz, das gesegnet wird, erinnert mich daran, dass ich von Jesus umarmt werde mit all den Gegensätzen in mir. Wenn ich das Kreuz dann in der Wohnung aufhänge, ist es ein Symbol für den Schutz, den Jesus dem Haus schenkt. Der Anhänger, der gesegnet wird, erinnert mich daran, dass Gott mir anhängt. Ich gehe an keinen Ort, ohne dass Gott mit mir geht. Er geht mit mir zur Arbeit, in eine schwierige Konferenz. Nirgends bin ich allein. Gott ist bei mir. Die gesegnete Uhr erinnert mich daran, dass jeder Augenblick von Gott gesegnet ist. Der gesegnete Engel zeigt mir, dass der Engel mich immer begleitet, mich schützt und mich inspiriert. Die gesegnete Brille will mich daran erinnern, dass ich mit Augen des Glaubens auf die Menschen schaue, dass ich in jedem den guten Kern erkenne. Der gesegnete Schlüssel gibt mir das Vertrauen, dass ich den Schlüssel zu meinem eigenen Herzen und zum Herzen der Menschen finde, mit denen ich zusammenlebe.

Die Kursteilnehmer lassen dann häufig bewusst religiöse Symbole segnen: den Rosenkranz, eine Kerze, eine Medaille, ein Bild, ein Herz. Der gesegnete Rosenkranz vermittelt ihnen die Botschaft, dass ihr Beten Segen bringt – nicht nur für sie, sondern auch für die Menschen, für die sie den Rosenkranz beten. Das Licht, das von der gesegneten Kerze ausgeht, will alle Dunkelheit in uns erhellen und das Kalte in uns mit Gottes Liebe erwärmen. Wenn wir die gesegnete Kerze für jemand anderen anzünden, soll sie Licht und Liebe in seine Not strömen lassen und für ihn zum Segen werden. Die Medaille, die wir bei uns tragen, zeigt uns einen Aspekt von Gottes heilender und liebender Gegenwart.

Auch aufgeklärte, kritische und nüchterne Menschen haben heute das Bedürfnis, Gegenstände segnen zu lassen. Sie haben das Bedürfnis, sich selbst und ihr Tun in Gottes Hände zu legen, gerade dann, wenn sie spüren, dass sie selbst in einer Situation machtlos sind oder ihnen nichts bleibt, als sich dem zu ergeben, wie es gerade ist. Zwei Erfahrungen mit dem Segnen möchte ich daher erzählen. Eine Frau, die einen aggressiven Gehirntumor hatte und nach den Worten des Arztes höchstens noch sechs Wochen zu leben hatte, bat mich, ein kleines Kreuz zu segnen. Das nahm sie jeden Abend in die Hand. Wenn sie morgens aufwachte, hielt sie es noch immer. Sie hat mit diesem Ritual noch viereinhalb Jahre gelebt. Man kann nicht beweisen, dass das gesegnete Kreuz ihr das Leben verlängert hat. Aber sie hatte das Gefühl, sie konnte sich daran festhalten. Das hat sie getragen.

Dann habe ich eine evangelische Pfarrerin begleitet, die im Osten Deutschlands in einer kleinen Gemeinde arbeitete, die sehr schwierig war. Sie gab sich viel Mühe, die Menschen für den Glauben zu öffnen. Aber immer wieder litt sie unter der Engstirnigkeit der wenigen Christen. Eines Tages kam der Feuerwehrkommandant zu ihr. Die Feuerwehr hatte ein neues Einsatzfahrzeug erhalten. Der Kommandant bat sie, das Auto zu segnen. Doch sie meinte, als evangelische Pfarrerin segne sie keine Gegenstände. Ich sagte ihr: »Da haben Sie die Chance verpasst, mit den Menschen in Berührung zu kommen. Die Feuerwehrleute hatten offensichtlich die Sehnsucht, dass das, was sie tun, unter dem Segen Gottes steht. Sie müssen ja nicht unbedingt das Auto segnen, aber die Arbeit, die die Feuerwehrleute mit dem Fahrzeug für andere verrichten.« Das hat sie eingesehen. Das nächste Mal wird sie sicher andere Wege finden, mit einer solchen Bitte umzugehen. Es zeigt, dass auch in weniger religiösen Menschen die Sehnsucht lebendig ist, dass das, was sie tun, von Segen begleitet wird und Segen bringt.

Das Bedürfnis, das neu gebaute Haus oder die neu bezogene Wohnung oder eine Arztpraxis, eine Apotheke, die neuen Firmengebäude oder eine Brücke zu segnen, ist heute bei vielen Menschen lebendig. Sie haben das Gefühl, der Segen Gottes gebe Schutz und Sicherheit. Man wünscht sich, dass alle sicher über die Brücke gehen. Und die Brücke wird zum Symbol für unser Leben. Wir sind letztlich immer auf der Brücke zwischen unserem Leben hier und jetzt und dem Leben in der Ewigkeit. Wenn Menschen mich bitten, ein Haus zu segnen, dann ist darin auch der Wunsch erkennbar, dass sie in gesegneten Räumen wohnen, dass auch das Miteinander dadurch gesegnet wird und dass Gottes Segen die Menschen, die darin wohnen, immer begleitet und schützt. Ein Arzt, der mich bat, seine Praxis zu segnen, drückte damit seine Ansicht aus, dass die Heilung seiner Patienten nicht allein von ihm abhängt, sondern immer auch vom Segen Gottes. Der Segen gab ihm das Vertrauen, dass seine Arbeit gesegnet ist, dass er die Diagnose richtig stellt und die richtigen Therapieschritte veranlasst. Der Segen entlastete den Arzt von seiner Angst, er könne einen Fehler machen.

Bei vielen Menschen sind Segnungsgottesdienste beliebt. Wir haben auf dem Klostergelände ein Gymnasium mit knapp 800 Schülern und Schülerinnen. Bei Schuljahrsbeginn bieten wir immer einen Segensgottesdienst an. Die Schüler, die teilnehmen möchten, können zu den Mönchen oder Lehrern und Lehrerinnen gehen, die sich in der Kirche an verschiedenen Orten aufstellen, und sie um einen Segen bitten. Wenn sie wollen, können sie auch konkret sagen, was sie gerade bewegt und wofür sie den Segen erhalten möchten. Dann legt der Segnende jedem Einzelnen die Hände auf und spricht ein persönliches Gebet. Wenn der Lehrer, den die Schüler später in Latein oder Mathematik haben, sie segnet, dann wird die Beziehung zu diesem anders sein. Er ist nicht nur der, der fordert, sondern auch der, der mich gesegnet hat und der mich auch jetzt segnen möchte.

Segensgottesdienste werden gerne zu bestimmten Anlässen angeboten. Der Bischof von Würzburg lädt Ehepaare aus der ganzen Diözese ein, die fünfundzwanzig oder fünfzig Jahre verheiratet sind. Dann ist der Dom voll. Es ist nicht nur der Segen, der für die Ehepaare wichtig ist, sondern auch die Erfahrung einer großen Gemeinschaft, die sie trägt, die genau wie sie die Treue in der Ehe gehalten haben. Es gibt auch Segensgottesdienste für Ehepaare, die ein Kind verloren haben, oder für Hinterbliebene, die um einen lieben Menschen trauern. Immer beliebter sind auch Segnungsgottesdienste für Motorradfahrer, die ihre Fahrzeuge dann vor der Kirche parken. Manchmal finden diese Gottesdienste auch unter freiem Himmel statt, sodass die Motorradfahrer auf ihren Fahrzeugen sitzen bleiben können beim Gottesdienst. Solche Segnungsgottesdienste haben Event-Charakter. Aber offensichtlich berühren sie eine tiefe Sehnsucht in den Menschen, dass ihr Leben gesegnet ist, von Gott beschützt und behütet. Gerade in der Unsicherheit unserer Zeit heute ist das Bedürfnis nach Schutz und Sicherheit umso größer.

Meine Rituale

. . . .

. . . .

. . . .

. . . .

. . . .

. . . .

. . . .

. . . .

Pilgern

In den letzten Jahren erfreut sich das Pilgern einer neuen Beliebtheit. Das gilt nicht nur für den Weg nach Santiago de Compostela, der regelrecht überlaufen wird. Es gibt auch andere Pilgerwege, die wiederentdeckt werden wie den Olavsweg, der 643 Kilometer durch Norwegen führt und für jeden Pilger zu einem Abenteuer werden kann. Und zudem die vielen Pilgerwege in Deutschland: Marienweg, Benediktusweg, Franziskusweg und die Pilgerwege zu den Wallfahrtsorten. Wallfahrten galten zu der Zeit, als ich Theologie studierte, als konservativ und rückständig. Doch heute pilgern durchaus moderne, aufgeklärte und oft auch kirchenferne Christen zu Wallfahrtsorten, entweder zu Fuß oder mit dem Rad. Der Hintergrund ist sicher vielfältiger als in früheren Zeiten. Da ist einmal die Bewegung in der Natur, die einem guttut. Viele fühlen sich in der Natur frei und zugehörig. Die Natur bewertet nicht. Sie dürfen einfach sein, wie sie sind. Zudem machen sie häufig eine ganz neue Erfahrung von Gemeinschaft. Oft pilgert man zu zweit oder in kleinen Gruppen. Man macht sich gemeinsam auf den Weg und erfährt ein neues Miteinander und Getragensein durch den gemeinsamen Glauben oder die gemeinsame Suche nach dem Glauben.

Jeder Pilgerweg hat ein Ziel. Menschen, die nach Santiago pilgern, stehen dann innerlich tief bewegt vor der Jakobsbasilika. Stefanie Jarantowski, die den Olavsweg gegangen ist, erzählt, wie sie mit ihrem Freund dreimal um den Nidarosdom in Trondheim, dem Ziel der Wanderung, geht: »Mit Abstand. In Stille. Jeder bei sich. Ohne Singen. Ohne Tanzen. In andächtigen Schritten« (Jarantowski 275). Je weiter und je beschwerlicher der Weg war, desto intensiver nehmen die Pilger das Ziel wahr. Es ist immer eine Kirche: der Olavsdom, die Jakobskathedrale, das Marienheiligtum. Dahinter steht das Bedürfnis, am Wallfahrtsort Gottes Nähe besonders deutlich zu erfahren. Natürlich wissen wir, dass Gott überall gegenwärtig ist. Aber wir haben das Bedürfnis, an bestimmten Orten Gottes Nähe in besonderer Weise zu erfahren. Der Theologe Andreas Heinz sieht dieses Bedürfnis in allen Religionen lebendig: »Menschen aller Zeiten und Religionen haben das Bedürfnis empfunden, Orte aufzusuchen, an denen ihnen der Himmel offener und Gott zugänglicher zu sein schien als anderswo« (Heinz, LexSpir 1402). In der frühen Kirche waren die Stätten, an denen Jesus gewirkt hat, Ziel der christlichen Wallfahrer, dann die Gräber der Märtyrer, schließlich Rom als der Ort, an dem Petrus und Paulus hingerichtet und begraben wurden.

Erst im Spätmittelalter entstanden Marienwallfahrtsorte. In der darauffolgenden Zeit der Aufklärung waren diese Orte nicht selten eine Art Protest gegen die damals vorherrschende Auffassung, den Glauben rein rational zu erklären und anzugehen. Viele hatten dennoch das Bedürfnis, im Glauben auch mit ihren Gefühlen in Berührung zu kommen. Daher machen sie sich auf den Weg zu Orten, an denen besondere Marienbilder zu bestaunen oder Menschen besondere Erlebnisse oder Marienerscheinungen hatten. Die Geschichten, die sich um die Wallfahrsorte ranken, sind oft Legenden, bei denen es keine Rolle spielt, ob sie historisch »wahr« sind. Diese Legenden haben Orte geschaffen, an denen Pilger Geborgenheit und Schutz erfahren. Gerade die Marienwallfahrtsorte vermitteln den Menschen etwas von Gottes Mütterlichkeit. Es sind immer Orte voller Hoffnung, dass

Gott wie eine gute Mutter für uns sorgt und unsere Bitten erhört.

Viele gehen heute auf einen Pilgerweg, weil sie vor einer schweren Entscheidung stehen. Sie wollen durch das Wandern ihren Kopf frei bekommen, sodass sie sich anschließend reif fühlen, diese Entscheidung tatsächlich zu treffen. Andere pilgern zu einer Wallfahrtskirche, weil sie Hilfe erfahren wollen – für sich selbst oder für Freunde oder für ihre Familie. Viele setzen sich, wenn sie am Wallfahrtsort angekommen sind, in die Kirche und beten, den Rosenkranz oder einfach nur still für ihr Anliegen. Oder sie bleiben einfach in der Kirche sitzen, genießen die Ruhe und erhoffen sich einen Segen. Ein Ritual, das sehr beliebt ist, ist das Anzünden einer Kerze mit dem Anliegen, in dem man gekommen ist. Dieses Ritual ist nicht nur an Wallfahrtsorten beliebt. Der Mesner einer Autobahnkirche erzählte mir einmal, wie viele Kerzen dort täglich angezündet werden. Es sind oft Lastwagenfahrer oder Autofahrer, die bewusst Halt machen und in einem ganz bestimmten Anliegen eine Kerze anzünden. Das ist für viele ein konkretes Ritual, ihr Vertrauen auf Gottes Hilfe zum Ausdruck zu bringen.

An den Wallfahrtsorten gibt es häufig auch Souvenirläden. Manchmal wird dort viel Kitsch verkauft. Aber für viele Pilger ist es ein Bedürfnis, etwas mit nach Hause zu nehmen, das sie dann entweder in ihrer Wohnung aufbewahren, als Erinnerungszeichen an den Segen, den sie am Wallfahrtsort erfahren haben. Oder aber sie verschenken diese Souvenirs an Freunde und Bekannte. Dabei geht es nicht um den Wert dieses Gegenstands, sondern um die spirituelle Bedeutung. Man möchte anderen etwas mitteilen, etwas abgeben vom Segen. Souvenir kommt aus dem Französischen, *souvenir* heißt: sich erinnern. Das Souvenir möchte uns also an die heilende Nähe Gottes erinnern, die wir am Wallfahrtsort erfahren durften.

Es gibt heute eine neue Form der Wallfahrtsorte oder etwas allgemeiner der Orte, an denen Religion besonders sichtbar wird. Das sind zum Beispiel Plätze, an denen ein grauenvolles Unglück geschehen ist oder ein brutaler Terrorakt verübt wurde. So ist der Platz in Nizza, an dem viele Menschen einem Selbstmordattentäter zum Opfer fielen, von tausenden Kuscheltieren geschmückt. Am Breitscheidplatz in Berlin sind es brennende Kerzen, die an den Terrorakt erinnern. An solchen Orten geschieht nicht nur Gewalt, an ihnen bricht auch die Sehnsucht nach Transzendenz auf: Der Tod will überwunden werden. Eine neue Solidarität antwortet auf den Terror dieser Welt. So werden diese Stätten zu heiligen Orten, an denen sich unser moderner Glaube beheimaten möchte.

Meine Rituale

. . . .

. . . .

. . . .

. . . .

Rituale im Jahreskreis

Viele Menschen haben heute ein Gespür für den Wechsel der Jahreszeiten. Sie fühlen sich im Winter anders als im Frühling und im Sommer anders als im Herbst. Gerade die ökologische Bewegung hat ein neues Bewusstsein dafür geschaffen, dass wir eng mit dem Rhythmus der Natur verbunden sind.

Es tut dem Menschen gut, wenn er dem Jahreskreis entsprechend lebt. Jede Jahreszeit hat eine besondere Wirkung auf die Psyche. In unseren Breiten verbinden wir mit den Jahreszeiten immer auch besondere oder sogenannte geprägte Zeiten: den Winter mit der Advents- und Weihnachtszeit, den frühen Frühling mit der Fastenzeit und Ostern und Pfingsten und den Sommer mit dem Johannistag und dem Fest Mariä Himmelfahrt, das am Höhepunkt des Sommers gefeiert wird. Den Herbst verbinden wir mit dem Michaelsfest, mit Erntedank, aber auch mit Allerheiligen und Sankt Martin.

In allen Religionen hat man die Jahreszeiten mit religiösen Inhalten aufgeladen. So ist es auch im Christentum geschehen. Im Christentum wurden außerdem viele Feste des Judentums übernommen, dann aber anders gedeutet. Doch schon im Judentum waren wiederum viele dieser Feste aus der Tradition derjenigen

Völker übernommen worden, in deren Gebiet sich die Menschen angesiedelt hatten.

Die Feste des Kirchenjahres geben dem Jahreskreis einen tieferen Sinn. Carl Gustav Jung nennt das Kirchenjahr sogar ein therapeutisches System. Denn die Feste des Kirchenjahres stellen archetypische Bilder dar, die tief in der Seele des Menschen verankert sind. Wir leben gesund, wenn wir mit diesen archetypischen Bildern in Berührung kommen. Denn sie haben die Kraft, uns in die eigene Mitte zu führen und uns mit den heilenden Kräften zu verbinden, die unserer Seele eingeprägt sind. Zudem wollen sie unser Leben in der Gegenwart mit dem Leben in der Vergangenheit verknüpfen, das in uns noch lebendig ist. Jung schreibt: »Geschieht das nicht, so entsteht ein wurzelloses, an der Vergangenheit nicht mehr orientiertes Bewusstsein, welches hilflos allen Suggestionen erliegt, das heißt praktisch für psychische Epidemien anfällig wird« (Jung, Band 9/I,171).

So möchte ich für die wichtigsten Festzeiten und Feste im Jahreskreis Rituale beschreiben, die uns den Sinn dieser Feste erschließen können. Dabei genügt es nicht, einfach nur zu tun, was die Tradition uns überliefert hat. Wir können entweder die Rituale, die uns überliefert sind, so deuten, dass sie zu unseren eigenen werden können. Oder wir können neue Rituale entwickeln. Ich erlebe viele junge Menschen heute als offen für Rituale. Doch es genügt ihnen nicht, diese einfach nur zu wiederholen. Sie wollen auch verstehen, was sie bedeuten. Und sie haben ein gutes Gespür dafür, was ihnen guttut und was ihnen fremd bleibt.

Die Rituale, die ich im Folgenden beschreibe, helfen mir, den Glauben, der an den Festen des Kirchenjahres deutlich wird, zu vertiefen. Und so vertraue ich darauf, dass auch die Leser und Leserinnen Gefallen finden an dem einen oder anderen Ritual. Dabei ist es wichtig, dem eigenen Gefühl zu trauen. Wenn sich Widerstand in Ihnen regt, dann sollten Sie sich nicht auf das Ritual einlassen. Aber vielleicht können Sie dann ein eigenes Ritual entwickeln.

Die Feste des Kirchenjahres drücken die wesentlichen Inhalte unseres christlichen Glaubens aus. Daher sind die Rituale zu diesen Gelegenheiten eine Chance, unserem Glauben auf eine Weise Ausdruck zu verleihen, die unserer tiefsten Sehnsucht entspricht.

Adventszeit

Viele Menschen haben selbst heute noch Rituale für die Adventszeit. Sie wurden in den Familien weitergegeben und sind häufig sehr individuell. Die Rituale der Adventszeit wollen mich mit meiner Sehnsucht in Berührung bringen. Theologisch sagen wir: Es ist die Sehnsucht nach dem Kommen Jesu in unsere Welt. Doch das ist für viele zu abstrakt. Ich kann auch sagen: Es ist die Sehnsucht, dass etwas Neues, Geheimnisvolles in mein Leben eintritt, das mein Leben reicher macht. Es ist die Ahnung, dass es mehr gibt als Geschäft und Routine.

Es geht im Advent zudem darum, bei sich selbst anzukommen. Denn wir sind oft »außer uns« oder haben in uns selbst kein Zuhause. Letztlich treibt uns im Advent die Sehnsucht nach Heimat um, aber nicht nach einer Heimat im Sinn von etwas Vergangenem. Der jüdische Philosoph Ernst Block definiert es so: »Heimat ist das, was jedem in die Kindheit scheint und worin noch niemand war.« So ist die Sehnsucht nicht nach hinten gerichtet, sondern nach vorne. Es erwartet mich etwas, das das, was ich in der Kindheit geahnt habe, erfüllt.

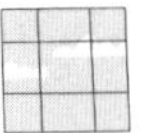

Adventskranz

Ein Ritual, das viele kennen, ist der Adventskranz. Manche nehmen ihn nur als Schmuckstück für den Tisch. Doch im Kranz mit den vier Kerzen, den ich in meinem Zimmer aufstelle, steckt die Sehnsucht nach dem Gelingen meines Lebens. Er erinnert an den Siegeskranz: Ich will nicht immer auf der Seite der Verlierer stehen. Mein Leben soll gut werden. Der Kranz steht aber auch für das Miteinander: In der Adventszeit sehnen wir uns danach, dass unsere Begegnungen gelingen, in der Freundschaft, in der Familie, bei der Arbeit.

An jedem Sonntagmorgen zünden wir eine Kerze mehr an. Sie haben jeweils ihre eigene Bedeutung:

Die erste Kerze drückt die Sehnsucht nach Einswerden aus. Ich kann überlegen, wo ich mich zerrissen und gespalten fühle und wo ich mich danach sehne, wieder eins zu werden: mit mir selbst, mit anderen.

Mit der zweiten Kerze drücken wir unsere Sehnsucht danach aus, dass die Polarität in uns vom Licht erleuchtet wird. Jeder hat immer zwei Pole in sich: Liebe und Aggression, Vertrauen und Angst, Ruhe und Unruhe, Glaube und Zweifel, Stärken und Schwächen. Wir sehnen uns danach, dass alle diese Gegensätze vom Licht Jesu erhellt und so miteinander eins werden.

Die dritte Kerze steht für die drei Bereiche im Menschen: Leib, Seele, Geist oder Verstand, Wille, Gedächtnis oder Kopf, Herz und Bauch. Wir sehnen uns danach, dass alle Bereiche vom Licht Jesu durchdrungen und verwandelt werden. Wir können uns die Frage stellen, welche Bereiche wir einseitig betonen. Vielleicht sind wir zu kopflastig oder zu sehr vom Willen geprägt. Auch die anderen Bereiche in uns wollen erhellt werden.

Die vierte Kerze steht für die vier Elemente und die vier Himmelsrichtungen. In ihr drückt sich die Sehnsucht aus, dass auch unser Alltag vom Licht Jesu verwandelt wird.

Wer mit den Deutungen der vier Kerzen nichts anfangen kann, stellt sich einfach vor, dass ihr Licht in die verschiedenen Bereiche der Seele eindringt und alles mit Liebe erfüllt. Das milde Licht der Kerze weckt in uns die Sehnsucht nach Geborgenheit und Heimat, nach einer tieferen Dimension in unserem Leben. Da wird in uns die Sehnsucht wach, in Einklang zu kommen mit uns selbst, ruhig und still zu werden, einen tiefen inneren Frieden zu spüren und auf die eigene Seele mit ihren Abgründen mit einem milden Blick zu schauen, so wie das milde Licht der Kerze alles in uns verklärt.

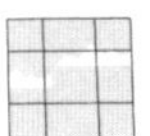

Weihnachtsmarkt

Ein modernes Adventsritual ist für viele heute der Besuch eines Weihnachtsmarktes. Immer wieder werden die Weihnachtsmärkte als Kommerzialisierung der Adventszeit und des Weihnachtsfestes kritisiert. Aber dass so viele Menschen sich gerne dort aufhalten, zeigt, dass in ihnen etwas wach wird, das ihre Seele berührt. Sie kommen in Berührung mit ihrer Sehnsucht, dass in diese Welt ein Geheimnis eingetreten ist, das ihnen das Gefühl von Heimat vermittelt. Die Düfte auf dem Weihnachtsmarkt und die Musik lassen uns erahnen, dass es noch etwas anderes in unserem Leben gibt als das Vordergründige.

Zudem ist es ein Ort, an dem sich viele treffen und gemeinsam den Advent feiern, vielleicht auch auf eine andere Weise als in früheren Zeiten. Wenn Menschen sich also fragen, was sie eigentlich dort so anzieht, dann kann der Besuch eines Weihnachtsmarktes durchaus zu einem Ritual werden, das dem Leben einen anderen Geschmack verleiht, den Geschmack von Transzendenz, von Sehnsucht, von Liebe.

Versöhnung

Ein gutes Ritual in der Adventszeit wäre auch ein Versöhnungsritual. Das kann in der Familie oder im Freundeskreis stattfinden. Ich kann es aber auch allein für mich feiern. Das Ritual könnte so aussehen: Die Familie oder ein Kreis von Freunden setzt sich abends zusammen. Einer spricht ein Gebet und liest einen Text aus der Bibel zum Thema Vergebung vor, also etwa Matthäus 18,21–35. Dann lädt er alle ein, kurz nachzudenken: Wenn ich das vergangene Jahr Revue passieren lasse, wofür bin ich dankbar, was ist gut gelungen und wofür möchte ich mich entschuldigen? Wo habe ich andere verletzt? Dann kann jeder, der will, etwas erzählen von dem, was ihm eingefallen ist.

Im Anschluss daran fassen sich alle an der Hand und sprechen gemeinsam das Vaterunser. Wenn alle zusammen sagen: »Vergib uns unsere Schuld, wie auch wir vergeben unseren Schuldigern«, dann wird die Atmosphäre zwischen allen Beteiligten gereinigt. Sie machen einander keine Vorwürfe mehr. Sie lassen das los, was nicht so gut war im vergangenen Jahr. Und dann können sie ein kleines Fest der Versöhnung feiern, zum Beispiel mit einem guten Abendessen.

Mir erzählte eine siebzehnjährige Schülerin, dass sie lange Zeit Probleme mit ihrem Vater hatte, weil er immer fort war. Bei einer solchen familiären Versöhnungsfeier entschuldigte sich der Vater bei den Kindern, dass er für sie so wenig Zeit hatte. Das hat die Beziehung der Tochter zu ihrem Vater verwandelt. Jetzt spürt sie: Er bleibt nicht weg, weil er kein Interesse an mir hat. Er möchte mehr Zeit mit mir verbringen. Und es tut ihm leid, dass er das nicht tut. Die Entschuldigung hat den Vater nicht kleingemacht, aber sie hat die Atmosphäre in der Familie verwandelt.

Wenn ich allein wohne, kann ich auch für mich ein solches Versöhnungsritual gestalten. Ich schreibe alles auf, was mir leidtut, was nicht so gut gelaufen ist, weshalb ich Schuldgefühle habe oder mich selbst verurteile. Dann halte ich das Notierte bewusst Gott hin. Ich kann es in das milde Licht der Kerze halten. Dann spüre ich, dass Gott mich nicht verurteilt. Ich lasse die vergebende Liebe Gottes in mich einströmen. Dann kann ich den Zettel langsam an der Kerze verbrennen. Mit der Asche dünge ich vielleicht eine Topfpflanze. So ein Versöhnungsritual kann mich gut auf Weihnachten vorbereiten.

Meine Rituale

. . . .

. . . .

. . . .

. . . .

. . . .

. . . .

Weihnachten

An Weihnachten pflegen viele Menschen Rituale, die sich über Jahrzehnte oder noch länger meist in ihren eigenen Familien herauskristallisiert haben. Dabei gibt es manchmal Konflikte, weil die Rituale in der jeweiligen Herkunftsfamilie unterschiedlich sind. Insofern ist es gut, sich auf gemeinsame oder auch ganz neue Rituale zu einigen, wenn man als Familie oder Hausgemeinschaft oder in einer Partnerschaft das Weihnachtsfest plant. Manchmal gibt es Protest gegen alte Rituale, weil man sie als äußerlich oder gar als falsch empfindet. Aber alle Rituale abzuschaffen, nimmt dem Weihnachtsfest etwas von seinem Glanz. Gerade wenn jemand allein lebt, stellt er sich oft die Frage: Soll ich überhaupt einen Christbaum aufstellen oder eine Krippe oder ist das alles für mich vorbei? Solche Fragen sind sicher wichtig. Sie zwingen mich, nach dem Sinn dieser Rituale zu fragen. Ich muss sie auch nicht weiterführen, wenn sie für mich keine Bedeutung mehr haben. Ich kann sie dann entweder abschaffen oder ihnen einen neuen Sinn geben, sie für mich neu deuten. Gerade, wenn ich alleine lebe, sollte ich mich fragen: Wie möchte ich Weihnachten gestalten? Was ist für mich ein Ritual, das für mich stimmt, das mir hilft, das auf meine persönliche Weise zu tun? Die Überlegungen über das Ritual führen mich dann immer auch zum Wesen dieses Festes: Was feiere ich da überhaupt, und wie kann ich das Geheimnis von Weihnachten verstehen?

Eine adlige Frau erzählte mir: Wenn ihre Söhne an Weihnachten nach Hause kommen, möchten sie, dass die alten Familienrituale vollzogen werden. Das ist kein Ausdruck einer konservativen Haltung. Die Söhne stehen alle mitten im Leben. Aber sie haben das Bedürfnis, an Weihnachten an der Lebenskraft und Glaubenskraft ihrer Vorfahren Anteil zu erhalten. Ihre Vorfahren haben an diesen Ritualen festgehalten in Zeiten von Armut und Krankheit, von Krieg und Vertreibung. Und sie haben damit ihr Leben gemeistert. Die Rituale geben der Familie Anteil an den Wurzeln, aus denen sie lebt. Weihnachtsrituale haben für die Familie noch eine andere Bedeutung: Darin drücken sich Gefühle aus, die sonst keinen Ausdruck finden. Und das hält die Familie zusammen. Rituale schaffen eine Familienidentität. Die Familie hat das Gefühl: Wir haben unsere eigene Kultur. Wir können noch miteinander feiern.

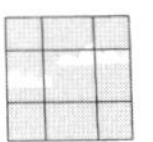

Weihnachtsbaum

Ein Ritual, das viele Menschen kennen, ist, einen Christbaum aufzustellen. Es ist noch gar nicht so alt und entstand erst im sechzehnten Jahrhundert. Der Baum hat in allen Religionen eine große Bedeutung. Er ist ein Bild für den Menschen, der wie der Baum fest verwurzelt ist in der Erde, aber auch seine Krone zum Himmel hin entfaltet. Der grüne Baum steht für das ewige Leben, das selbst durch die Kälte des Winters nicht gefährdet wird. Die Christen haben der allgemeinen Bedeutung des Baumes natürlich eine christliche hinzugefügt: Die Bibel spricht vom Paradiesbaum. Und so haben die Christen den Weihnachtsbaum oft mit Kugeln und Früchten behangen als Bild für diesen Paradiesbaum. In ihm klingt der ursprüngliche Sinn von Weihnachten an: die Erwartung des kommenden Christus, der in dieser Zeit in die Welt kommt, um dann am Ende der Zeit alles zu verwandeln und alles in Gott zu erneuern.

Krippe

Ein anderer Brauch ist, eine Krippe aufzustellen. Das geht auf Franz von Assisi zurück, der im Jahr 1223 im Wald von Greccio eine »lebendige« Krippe aufstellte, bei der ein Säugling in er Krippe lag und ein echter Ochse und Esel danebenstanden. Häufig ist die Weihnachtskrippe, die Familien aufstellen, ein Erbstück. Sie hat also eine lange Geschichte. In ihr spürt man die Verbindung mit dem Großvater, der diese Krippe vielleicht geschaffen hat, oder eben mit den Generationen, die immer genau diese Krippe aufgestellt haben. Sie fasziniert die Kinder. Da können sie konkret sehen, was an Weihnachten gefeiert wird. Aber auch dabei geht es nicht einfach um Erinnerung und Romantik. Es ist wichtig, solche alten Bräuche neu zu deuten. Die Krippe bringt zum Ausdruck, dass Gott ganz Mensch geworden ist, dass er in unsere konkrete Welt gekommen ist, um sie zu verwandeln.

Viele tun sich heute schwer mit dem Gedanken, dass Gott Mensch geworden ist. Daher gilt es, diesen Gedanken in die eigene Sprache zu übersetzen. In dem Kind in der Krippe, in Jesus drückt Gott sich auf einmalige Weise aus. Aber das wirft auch ein Licht auf uns. Auch in mir will Gott sich auf einmalige Weise ausdrücken. Und in jedem Menschen, in meinen Kindern, in meinen Verwandten und Freunden, ja in allen Menschen will Gott etwas von sich zeigen. Wenn ich das glaube, werde ich mit neuen Augen auf mich selbst schauen, aber auch auf alle Menschen in meiner Umgebung. Ich bleibe nicht bei meinen Vorurteilen stehen. Ich stelle mir vor: So wie das Kind in der Krippe Liebe und Friede in die Welt ausstrahlt, so könnten auch von mir Liebe und Friede ausgehen. Die Voraussetzung dafür ist nur, dass ich mich von dieser Liebe Jesu durchdringen lasse. In den Weihnachtsliedern, im Weihnachtsschmuck möchte diese menschgewordene Liebe in mich und in mein Haus hineinströmen, um mich und meine Beziehungen zu den Menschen zu verwandeln.

Weihnachten ist für viele auch ein Fest mit traurigen Erinnerungen. Die Familie, die ein Kind verloren hat, wird sich des Verlustes gerade an Weihnachten schmerzlich bewusst. Andere vermissen an Weihnachten die verstorbenen Eltern, Freunde oder Angehörigen. Sie fühlen sich allein und möchten am liebsten vor dem Fest fliehen. Es ist gut, die Trauer nicht zu verdrängen, sondern sie zu verwandeln, indem man eine Kerze oder mehrere Kerzen für die Verstorbenen an der Krippe aufstellt. Dann haben sie teil an der Feier. Und wir können uns vorstellen, dass die Verstorbenen das Fest jetzt als Schauende feiern, während wir es als Glaubende und oft genug auch als Zweifelnde feiern. So werden Himmel und Erde miteinander verbunden.

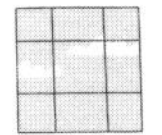

Hausliturgie

Ein Weihnachtsritual, das in vielen Familien praktiziert wird, ist eine kleine Hausliturgie. Die Familie versammelt sich vor dem Christbaum und der Krippe. Einer liest das Weihnachtsevangelium vor. Dann singen alle ein Weihnachtslied. Wenn die Kinder ein Musikinstrument spielen, kann das Lied begleitet werden. Anschließend darf es gerne noch mehr Musik geben. Erst dann folgt die Bescherung. Die Bescherung hat heute nicht mehr die Bedeutung wie in den Jahren nach dem Krieg. Damals verschenkte man häufig sehr nützliche Dinge oder Lebensmittel, die im Alltag wirklich fehlten, oder etwas ganz Besonderes, das für die Beschenkten ein echter Luxus und vielleicht auch für sie selbst unerschwinglich war. Heute haben wir eigentlich alles, was wir zum Leben brauchen. Daher sollte es bei der Bescherung eher darum gehen, dass man dem anderen etwas schenkt, das ihm Freude macht und zu ihm passt. Das muss nicht teuer sein, sondern eher deutlich machen, dass man sich Gedanken gemacht hat und dass man mit Liebe schenkt.

Manche Eltern erzählen mir, dass die Kinder nur kurz die Verpackung des Geschenkes aufreißen und dann gleich das nächste in die Hand nehmen. Sie können das Geschenk gar nicht mehr dankbar wahrnehmen. Auch da kann ein Ritual helfen. Zum Beispiel: Es geht reihum, immer nur einer aus der Familie öffnet ein Geschenk. Alle schauen beim Auspacken zu und würdigen das Geschenk. Dann ist der nächste an der Reihe mit dem Auspacken eines Geschenks. So wird das äußere Geschenk mit dem der liebenden und wertschätzenden Zuwendung verbunden.

Manche Familien setzen sich in der Weihnachtszeit abends zusammen, zünden die Kerzen am Christbaum an und singen miteinander Weihnachtslieder. Für Kinder schafft das eine Atmosphäre von Geborgenheit. In der Familie des evangelischen Theologen und Widerstandskämpfers Dietrich Bonhoeffer gehörte es zum Weihnachtsritual, dass man vom geschmückten Christbaum einen Zweig abschnitt und ihn auf das Grab der Familie legte, als Zeichen des göttlichen Lebens, an dem wir durch die Geburt Jesu Anteil erhalten und das für die Verstorbenen ewiges Leben bedeutet.

Jede Familie hat ihre eigenen Rituale. Es ist gut, sich darüber zu unterhalten, welche davon früher gepflegt wurden und welche heute noch sinnvoll sind, auf welche Rituale alle Lust haben, damit das Leben einen neuen Geschmack bekommt.

Eine Frau erzählte mir, dass ihr Mann und ihre beiden Söhne keine Weihnachtsrituale wollen. So gab es weder Weihnachtsschmuck noch eine Krippe noch irgendetwas anderes Weihnachtliches. Doch die Frau war todunglücklich. Ich sagte ihr: »Sprechen Sie nächstes Jahr früh genug mit Ihrer Familie ab, wie Sie Weihnachten feiern wollen. Und sagen Sie, was Ihnen persönlich die Weihnachtsrituale und das Weihnachtsfest bedeuten. Dann wird das Gespräch nicht nur um die äußere Gestaltung gehen, sondern darum, ob Sie als Familie überhaupt noch gemeinsam feiern können und was Sie innerlich zusammenhält. Gibt es noch etwas, das größer ist als Sie alle? Glauben Sie noch an das, was Sie an Weihnachten feiern? Oder woran glauben Sie überhaupt noch?« Man kann einer Familie die Weihnachtsrituale nicht einfach vorschreiben. Es gilt, mit allen darüber zu sprechen und vor allem über den Sinn der Rituale zu sprechen. Wenn sie keinen Sinn mehr haben, sollte man sie loslassen oder durch neue ersetzen.

Wir feiern im Konvent, also in unserer Mönchsgemeinschaft gemeinsam Weihnachten, in der Liturgie, aber auch in einer kleinen Weihnachtsfeier im Speisesaal. Doch ich habe auch mein eigenes Weihnachtsritual. Ich setze mich drei Stunden allein in mein Zimmer, zünde neben den Weihnachtskarten, die ich erhalten habe, eine Kerze an und höre einen Teil des Weihnachtsoratoriums von Bach. Dann sitze ich still vor den Kerzen und Bildern und denke an alle Menschen, mit denen ich mich verbunden fühle. Ich bete für sie, dass sie an Weihnachten berührt werden von dem Geheimnis dieses Festes, dass es in ihnen heller und wärmer wird und sie sich von Liebe umgeben und durchdrungen wissen. Wer allein lebt, kann für sich ein geeignetes Weihnachtsritual entwickeln. Statt sich allein zu fühlen, spürt er dann vielleicht eine tiefe innere Verbindung zu vielen Menschen.

Meine Rituale

. . . .

. . . .

. . . .

. . . .

. . . .

. . . .

. . . .

. . . .

. . . .

Neujahr

Viele Freunde und Familien treffen sich an Silvester zum Abendessen. Oft wird einiges getrunken und das neue Jahr mit dem Abschießen von Raketen begrüßt. In den letzten Jahren hat aufgrund der Feinstaubbelastung in den Städten, klimapolitischer und sozialer Überlegungen in dieser Hinsicht ein Umdenken eingesetzt. Die Frage ist, was sinnvollere Rituale wären, um das alte Jahr zu beschließen und das neue Jahr zu begrüßen.

Eine Möglichkeit ist, sich im Freundeskreis oder im Kreis der Familie zusammenzusetzen und das vergangene Jahr noch einmal durchzugehen. Man kann sich über das vergangene Jahr unterhalten. Oder jeder schaut für sich seinen Kalender an, was er erlebt und getan hat in dieser Zeit. Dann könnte man Gott danken für das, was war, und auf das kommende Jahr vorausschauen. Worauf freue ich mich? Worauf möchte ich im neuen Jahr besonders achten? Welche Vorsätze fasse ich? Allerdings sollte man sich nicht zu viele Vorsätze nehmen. Denn ein alter Spruch weiß: Der Weg zur Hölle ist mit guten Vorsätzen gepflastert. Vielmehr sollte man sich ein Übungsprogramm für einen kleinen Bereich des Lebens überlegen. Wenn ich diesen kleinen Bereich bewusst gestalte, verwandelt sich auch das übrige Leben. Dann könnte man Gott darum bitten, dass das neue Jahr wirklich ein gesegnetes Jahr wird, indem man die Hände zum Segen erhebt und sich vorstellt, dass der Segen Gottes in alle Tage des neuen Jahres hineinströmt, sodass alle in ein gesegnetes Jahr gehen.

Manche feiern bewusst über Mitternacht, damit sie den Wechsel zum neuen Jahr erleben. In diesem Fall könnte man bewusst fünf Minuten vor Mitternacht innehalten und die Feier durch eine Stille unterbrechen. Man kann sich vorstellen, wie die alte Zeit verrinnt, und in diesem Verrinnen das alte Jahr loslassen. Um Mitternacht spüren alle, dass sie eine neue und unverbrauchte Zeit umgibt. So erlebt man etwas vom Geheimnis der Zeit und geht bewusst in die des neuen Jahres. Nach der Stille können alle aufstehen, sich an den Händen halten und gemeinsam als erstes Wort im neuen Jahr das Vaterunser sprechen.

Ein anderes Ritual, das wir bei unseren Jugendkursen praktiziert haben: Am Silvesternachmittag bewusst eine Wanderung machen. Das Ziel ist eine Kapelle oder Kirche. Den Hinweg geht man schweigend. Dabei kann man sich vorstellen, wie man aus dem vergangenen Jahr auswandert, es hinter sich lässt. So wird man offen für das neue Jahr, in das man sich dann beim Rückweg schon hineindenken und sich darüber unterhalten kann, was einen alles erwartet und was vielleicht an Unerwartetem auf einen zukommt.

Meine Rituale

. . . .

. . . .

. . . .

Epiphanie

Epiphanie ist mehr als die Erinnerung daran, dass die drei Magier oder Könige aus dem Osten nach Jerusalem zur Krippe gekommen sind. An diesem Fest feierte man ursprünglich, dass die Herrlichkeit Gottes in diesem Kind von Betlehem aufleuchtet. Dieses Licht wird am Ende der Welt alles erleuchten. Die Herrlichkeit Gottes leuchtet auch in mir auf, in meinem Leib. Wenn ich daran glaube, wie erlebe ich mich dann? In einer persönlichen Meditation könnte man an Epiphanie dieses Geheimnis bedenken. Henri J. M. Nouwen, der niederländische Theologe und Psychologe, hat dies getan und sich dabei das Wort vorgesagt: »Du bist die Herrlichkeit Gottes« beziehungsweise »Ich bin die Herrlichkeit Gottes«. Wenn ich dieses Wort in mich eindringen lasse, erlebe ich mich anders. Ich kann damit nicht vor anderen angeben, dass ich die Herrlichkeit Gottes bin. Ich werde in aller Demut und Dankbarkeit erahnen, was es heißt, dass Gottes Schönheit in meinem Leib aufscheint, der hinfällig und vergänglich ist, dass Gott in mir aufleuchtet, trotz meiner Fehler und Schwächen. Die Wirklichkeit dieses Festes wird mich von allen Selbstvorwürfen und Versuchen befreien, mich selbst kleinzumachen und abzuwerten. Ich fliehe nicht in eine grandiose Vorstellung von mir selbst. Ich halte vielmehr die Spannung aus zwischen meiner Menschlichkeit und Begrenztheit und dem Licht Gottes, das in mir aufleuchtet.

In Deutschland wird Epiphanie Dreikönigsfest genannt. Die Gestalten der Magier oder Könige haben die Menschen schon immer fasziniert. Die Magier folgen dem Stern, sie folgen ihrer Sehnsucht und machen sich auf den Weg zur Krippe. Dort bringen sie dem göttlichen Kind Gold, Weihrauch und Myrrhe dar. Die Gaben werden oft gedeutet: das Gold unserer Liebe, der Weihrauch unserer Sehnsucht und die Myrrhe unserer Schmerzen. Ich könnte mir aber auch überlegen: Was möchte ich an der Krippe niederlegen, das mir kostbar ist? Das könnte zum Beispiel die Rolle sein, die ich bei meiner Arbeit oder in der Gesellschaft oder Familie spiele. Oder meine Sehnsucht nach Erfolg und Anerkennung. Oder meine chronischen Schmerzen, die mich plagen.

In einem Epiphaniegottesdienst vor einigen Jahren hat unser Abt seine Mitra an der Krippe niedergelegt, der Bürgermeister von Schwarzach seine Bürgermeisterkette und ich als Cellerar meinen Taschenrechner. So könnte man eine persönliche Feier mit Freunden gestalten und überlegen, was jeder als Geschenk an der Krippe ablegen möchte. Es geht nicht darum, sich generell von dem zu trennen, was ich dem Kind darbringe, sondern die Identifizierung damit loszulassen und Christus als den zu bekennen, um den es mir bei allem, was mir wichtig ist, letztlich geht.

Das Fest Epiphanie am 6. Januar bedeutete in der germanischen Tradition das Ende der zwölf sogenannten Raunächte: »Im Jahrkreis der nördlichen Völker brachen die Götter um die Wintersonnenwende nächtens in das Leben der Menschen ein, bedrohlich und hilfreich, zerstörend und segnend zugleich … Die Toten gingen um, und unberechenbare Mächte trieben ihr Unwesen« (Zink, 9). Aus Angst vor diesen dämonischen Mächten segnete man die Häuser, indem man bestimmte Heilkräuter verbrannte und die Wohnungen damit räucherte. Die Christen haben den heidnischen Brauch übernommen und »getauft«, indem sie an diesem Tag die Häuser segneten. In meinem Elternhaus war es noch üblich, dass wir an diesem Tag jedes Jahr neu an den Türsturz schrieben: das Jahrhundert, C + M + B und dann die Jahreszahl. Die drei Buchstaben in der Mitte bedeuten: *Christus Mansionem Benedicat* = Christus segne dieses Haus. Wir sind durch alle Zimmer gegangen, haben sie mit Weihrauch erfüllt und mit Weihwasser besprengt.

Wir müssen keine Dämonen vertreiben. Aber auch heute gibt es Konflikte, die verdrängt werden, negative Stimmungen, die unter den Teppich gekehrt werden, Verletzungen und Kränkungen und eine getrübte Atmosphäre. Wenn wir mit Weihrauch und Weihwasser durch die Räume gehen, haben wir das Gefühl, dass wir in gesegneten Räumen wohnen, dass das, was im vergangenen Jahr die Atmosphäre vergiftet hat, ausgetrieben wird. Wir machen keinem aus der Familie einen Vorwurf, er habe die Atmosphäre vergiftet. Wir rechnen einfach damit, dass manches Unausgesprochene sich im Haus festgesetzt hat. Das wird durch den Segen aufgelöst, und wir werden es auf neue Weise erleben: wohnen in gesegneten Räumen.

Das Räuchern ist heute wieder modern geworden. Man hat erkannt, dass durch das Räuchern mit bestimmten Heilkräutern wie Salbei oder Meisterwurz oder eben auch Weihrauch sich die Atmosphäre des Raumes verwandelt, dass negative Schwingungen aufgelöst werden. So sind diese alten Bräuche durchaus heilsam für Leib und Seele. Sie brauchen nur eine Deutung, die uns heute entspricht.

Meine Rituale

Taufe Jesu

Seit dem Zweiten Vatikanischen Konzil endet die Weihnachtszeit mit dem Fest der Taufe Jesu, das am Sonntag nach Epiphanie gefeiert wird. Von seiner Bedeutung her meint es sozusagen die Radikalisierung von Weihnachten: Gott ist in Jesus hinabgestiegen zur Erde, bis in den Stall. In der Taufe steigt Jesus in die Fluten des Jordan. Die Ikonenmaler haben das so dargestellt, dass durch das Hinabsteigen Jesu die Flussgötter vertrieben werden. In der Taufe steigt Jesus also in die Tiefe der Wasser, in die Tiefen des Unbewussten hinein, damit alles von seiner heilenden Liebe durchdrungen und von seinem Licht erhellt wird.

Das, was in der Taufe Jesu geschehen ist, erinnert uns an unsere eigene Taufe. Wir haben sie als Kind kaum wahrgenommen. Aber so könnten wir heute in einem Ritual das Geheimnis der Taufe für uns erfahrbar werden lassen. Ich möchte nur drei Rituale aus der Taufe herausgreifen, die wir in der Familie oder im Freundeskreis vollziehen können.

Der erste Ritus erinnert daran, dass wir in der Taufe mit Wasser übergossen wurden. Das Wasser will uns reinigen von allem, was das ursprüngliche und einzigartige Bild, das Gott sich von jedem von uns gemacht hat, trübt. So nehme ich aus einer Schale Wasser, tauche meine Finger ein, zeichne ein Kreuz auf die Stirn eines anderen und sage dazu den Vornamen, also etwa: »Barbara, Gott reinige dich von allen Trübungen und zeige dir deine wahre Gestalt.« Der Vater könnte dieses Ritual an der ganzen Familie vollziehen oder aber einer am anderen. Wer allein lebt, kann es auch an sich selbst vollziehen.

Der zweite Ritus ist die Salbung mit Öl. Man kann ein wohlriechendes Öl oder eine Salbe dazu nehmen. Einer taucht den Zeigefinger hinein und zeichnet dem anderen ein Kreuz auf die Stirn mit den Worten: »Ich salbe dich zu einem König, einer Königin, dass du über dich selbst herrschst und nicht von anderen beherrscht wirst. Ich salbe dich zum Priester, zur Priesterin, zum Hüter, zur Hüterin des Heiligen in dir, aber auch in den Menschen. Ich salbe dich zum Propheten, zur Prophetin, dass du mit deinem Leben etwas von Gott zum Ausdruck bringst, das nur durch dich ausgedrückt werden kann.«

Der dritte Ritus ist der sogenannte *Effataritus*. In der Bibel wird erzählt, dass Jesus einem Taubstummen mit den Worten »Effata – öffne dich!« Ohren und Mund öffnete. Ich erweitere diesen Ritus, bei dem in der Taufe der Priester dem Kind die Hände auf Ohren und Augen legt, immer zum Öffnen der Sinne. So kann einer dem anderen zuerst mit den Händen die Augen berühren und sagen: »Jesus öffne dir die Augen, dass du das Schöne in der Welt und das Gute in jedem Menschen sehen kannst.« Dann berührt er die Ohren mit den Worten: »Jesus öffne deine Ohren, dass du gut zuhören kannst und auch offen bist, das zu hören, was Gott dir sagen möchte.« Dann berührt er den Mund: »Jesus öffne deinen Mund, dass du Worte sprichst, die nicht bewerten, sondern die aufrichten, ermutigen und verbinden.« Dann kann man auch die Hände des anderen nehmen und ein Kreuz hineinzeichnen: »Jesus segne deine Hände, dass von ihnen Segen ausgeht für die Menschen.« Wer will, kann ebenso die Füße berühren mit den Worten: »Jesus segne deine Füße, dass du zu dir stehen kannst und aufgerichtet deinen Weg gehst.« Natürlich kann man das auch persönlicher formulieren. Durch solche Rituale wird uns bewusst, was es bedeutet, getauft zu sein. Und wir werden einander auf neue Weise begegnen. Denn wir werden daran erinnert, dass jeder von uns ein König, eine Königin ist, ein Priester, eine Priesterin, ein Prophet und eine Prophetin.

Meine Rituale

. . . .

. . . .

. . . .

. . . .

. . . .

. . . .

. . . .

. . . .

. . . .

. . . .

. . . .

Mariä Lichtmess

Vor dem Zweiten Vatikanischen Konzil endete mit dem Fest Mariä Lichtmess, oder, wie es im Kirchenjahr heißt, »Darstellung des Herrn«, am 2. Februar der Weihnachtsfestkreis. Das Fest geht auf das Lukasevangelium zurück. Lukas erzählt, dass vierzig Tage nach der Geburt Jesus von seinen Eltern in den Tempel gebracht wurde, um ihn Gott darzustellen, also ihm das Kind zu zeigen. Das war damals jüdischer Brauch.

Als Maria und Joseph das Kind in den Tempel brachten, waren da zwei alte Menschen, der greise Simeon und die Prophetin Hanna. Simeon nimmt das Kind in seine Arme und sagt laut, dies sei das Licht für alle Völker. Hanna deutet das Kind als die Erfüllung jüdischer Sehnsucht nach dem Kommen des Messias. Johann Sebastian Bach hat dazu eine wunderbare Bass-Kantate komponiert: »Ich habe genug«. Simeon nimmt das Kind auf seine Arme und singt: »Ich habe genug. Ich habe den Heiland, das Hoffen der Frommen auf meine begierigen Arme genommen. Ich habe genug.« Für mich persönlich ist es ein Ritual an diesem Fest, dass ich diese Kantate anhöre und die Musik in mich eindringen lasse.

Im Gottesdienst werden an diesem Tag Kerzen gesegnet. Von daher stammt die Bezeichnung »Mariä Lichtmess«. Die Gottesdienstteilnehmer ziehen alle mit den gesegneten brennenden Kerzen in die dunkle Kirche. Das Licht von Weihnachten soll gleichsam in den Alltag des Jahreskreises hineingetragen werden.

Das Fest hat aber ältere Wurzeln. Jakobus de Voragine weist in seiner »Legendea aurea« aus dem 14. Jahrhundert darauf hin, dass die Römerinnen an diesem Tag eine Lichterprozession durch die Stadt Rom veranstalteten. Der Brauch geht auf einen römischen Mythos zurück: Pluto, der Gott der Unterwelt, raubt Proserpina, die Tochter von Ceres, der Göttin der Fruchtbarkeit. Ceres beschwert sich bei Jupiter, dem obersten Gott. Doch der kann nur den Kompromiss schließen, dass Proserpina vom 1. November bis 2. Februar in der Unterwelt bleibt und am 2. Februar wieder zu ihrer Mutter zurückkehren darf. Ab dem 2. Februar beginnt die Natur wieder zu erwachen und langsam zu erblühen. Das, was in der kalten Winterzeit verloren war, wird wiedergefunden. Als Rom schließlich christlich wurde, hat Papst Sergius diesen Brauch nicht abgeschafft, sondern ihm eine neue Bedeutung gegeben: Wir suchen in der Dunkelheit unseres Lebens Christus als unsere eigene Mitte.

Auf dem Hintergrund der heidnischen und christlichen Deutung könnte man zu Hause folgendes Ritual vollziehen: Jeder Teilnehmer hat eine brennende Kerze in der Hand. Alle gehen langsam durch die dunklen Räume der Wohnung mit dem Gedanken vor Augen: Ich suche meine verlorene Mitte, meine verlorene Kraft, meine verlorene Begeisterung, meine verlorene Liebe, meine verlorenen Ideale, mein verlorenes Selbst. So kann dieser schweigende Gang mich meinem wahren Selbst näherbringen. Und ich spüre vielleicht, dass ich manches in der Hektik des Alltags verloren habe. Vielleicht hilft mir das Ritual, dass ich mehr zu mir selbst finde und bewusster in den Alltag gehe, ohne mich ständig in tausend Aktivitäten zu verlieren.

Meine Rituale

Aschermittwoch

Mit dem Aschermittwoch beginnt die Fastenzeit, die zwischen dem Winter und dem kommenden Frühjahr steht. Viele machen in dieser Zeit einen Frühjahrsputz. Diese Bedeutung hat die Fastenzeit auch für uns. Wir sollen unser inneres Haus von allem Unrat reinigen. Das kann auf verschiedene Weise geschehen. Einmal reinigen wir unseren Leib, indem wir bewusst auf manches Essen verzichten. Jeder kann sich selbst ein Ziel setzen, wie er sich in der Fastenzeit ernähren und worauf er dabei verzichten möchte.

Verzichten sollte jedoch keinen negativen Geschmack bekommen, sondern in die Freiheit führen. Die Fastenzeit möchte eine Trainingszeit in die innere Freiheit sein. Sigmund Freud meint, wer nicht verzichten kann, könne auch kein starkes Ich entwickeln. Das Verzichten sollte daher zu einer Art Sport werden, den man mit Lust betreibt. Aber es geht nicht nur um Verzichten. Man könnte auch seinen Terminkalender entrümpeln, damit die Fastenzeit einem Freiraum für Zeiten der Stille und des Nachdenkens lässt. Es geht also nicht nur um die Reinigung des Leibes, sondern auch um die der Seele. Da könnte ein gutes Programm sein, einmal eine Woche lang nicht über andere zu reden. Das reinigt den Geist, der doch immer gerne über andere urteilen und sie bewerten möchte. Oder sie könnte sich auf die Entrümpelung der Wohnung beziehen. Da hat sich auch oft vieles angesammelt, was uns die Luft zum Atmen nimmt.

Meine Rituale

Karwoche

Die Karwoche ist der eigentliche Höhepunkt des Kirchenjahres. So hat es die frühe Kirche gesehen. Erst in der Zeit des Humanismus wurde vor allem in Deutschland Weihnachten zum zentralen christlichen Fest. Ich war 25 Jahre in der Jugendarbeit tätig und habe in der Karwoche von Mittwoch bis zum Ostersonntagmittag für Jugendliche einen Kurs angeboten. Da kamen meistens etwa 250 junge Menschen aus ganz Deutschland. Sie haben sich intensiv auf diese Tage eingelassen. Und wir haben nicht nur die Liturgie der Mönche zusammen gefeiert und durch Beiträge der Jugendlichen bereichert. Wir haben in der Gruppenarbeit auch viele Rituale praktiziert, um das Geschehen der Liturgie ins konkrete Leben zu übersetzen. Später hörte ich oft von den jungen Menschen, die zu Hause diese Tage ebenfalls bewusst feiern wollten, dass das in der Pfarrgemeinde kaum möglich war. Da gab es keine Offenheit für Beiträge der jungen Menschen. Und sie erlebten, dass die Liturgie für sie sozusagen abgetrennt war vom übrigen Leben, weil die Kartage ganz normaler Alltag waren, ohne tiefere spirituelle Erfahrungen.

2020 war es den Jugendlichen und jungen Erwachsenen aufgrund der Corona-Krise nicht möglich, die Kartage und Ostern in der Abtei zu feiern und die Liturgie durch Gruppenarbeit ins Leben zu integrieren. So habe ich online einige Rituale beschrieben, die sie zu Hause für sich allein, in der Familie oder in kleinen Gruppen feiern können. Es hat mich gefreut, dass diese Texte solchen Anklang gefunden haben. So möchte ich diese Rituale auch Ihnen anbieten. Nicht jedes Ritual wird Ihnen zusagen. Sie können einfach sehen, was für Sie möglich und stimmig ist. Die Rituale, die ich beschrieben habe, sind nur Anregungen. Jeder sollte selbst sehen, was für ihn passend ist, oder selbst kreative Ideen entwickeln. Das Ziel der Rituale ist, dass die Menschen auch zu Hause die Verwandlung erfahren können, um die es in diesen Tagen geht: die Verwandlung von Wunden in Perlen, die Verwandlung von Dunkelheit in Licht, von Scheitern in einen neuen Anfang, von Tod zum Leben.

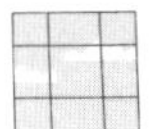

Kreuzweg

Mit dem fünften Fastensonntag beginnt die Passionszeit. Ein Ritual, das manche dann gerne praktizieren, ist, sich einen Kreuzweg zu suchen, wie er häufig an Wallfahrtsorten dargestellt wird oder als Weg auf einen Berg, zu einer Kapelle oder einer Kirche. Seit dem 15. Jahrhundert hat man den Leidensweg Jesu von seiner Verurteilung durch Pilatus bis zur Kreuzigung und Grablegung in vierzehn Stationen dargestellt und meditiert. Diese vierzehn Stationen entstammen nicht nur der Bibel, sondern auch Legenden, die sich um den Passionsweg gebildet haben, wie zum Beispiel die Begegnung mit seiner Mutter oder mit Veronika, die Jesus aus Mitleid ihr Schweißtuch reicht. Die Kreuzwegstationen sind der Versuch, das, was als Passionserzählung in der Bibel steht, therapeutisch ins eigene Leben zu übersetzen. Vierzehn ist die Zahl der Heilung. Indem ich die Stationen durchgehe, in denen ich mich wiederfinde, geschieht Verwandlung und Heilung. Jeder kennt solche Situationen, wie sie im Kreuzweg dargestellt werden. Da wird Jesus verurteilt, ihm wird die Last des Kreuzes aufgezwungen. Dreimal fällt er unter dem Kreuz. Die Kleider werden ihm ausgezogen, er wird bloßgestellt und dann ans Kreuz festgenagelt. Das sind archetypische Bilder für unseren eigenen Weg. Indem wir die Stationen meditieren, schauen wir unser eigenes Leben an und können Verwandlung und Heilung unserer Lebenswunden erfahren.

Gründonnerstag

In der Passionsgeschichte Jesu steht am Gründonnerstag zunächst die Fußwaschung im Zentrum (Johannes 13,1–15): Jesus besteht darauf, den Jüngern, die am letzten Abendmahl teilnehmen, die Füße zu waschen. Wer das selbst schon einmal gemacht hat, weiß, dass es ein sehr intimer Ritus ist, der vielleicht nicht in jeder Familie oder in jedem Freundeskreis möglich ist. Aber wer es ausprobiert, wird sicher eine ähnlich tiefe Erfahrung machen wie die Jünger damals im Abendmahlsaal, als Jesus ihnen die Füße wusch.

In der Familie oder in einer Gruppe von Freunden könnte der Ritus so aussehen: Es wird eine Schüssel mit warmem Wasser bereitgestellt, vielleicht noch versetzt mit einem ätherischen Öl oder einem anderen Wohlgeruch. Dann ziehen alle die Schuhe aus und einer wäscht dem anderen sanft die Füße in der Schüssel – reihum oder eben nur einer allen. Dabei verwendet er die Formel: »Jesus Christus möge dich reinigen von allem, was dein Denken und Fühlen trübt, von allem Ärger, Neid, von aller Angst und Traurigkeit.« Anschließend trocknet er die Füße mit einem Handtuch ab.

Anschließend kann man sich gegenseitig die Füße eincremen mit den Worten: »Jesus Christus salbe dich und heile alle deine Wunden. Er heile vor allem deine Achillesferse, deine empfindliche Stelle, an der du so verletzbar bist. Gott stärke dich, dass du zu dir stehen kannst, voller Selbstvertrauen und Kraft.«

Das eigentliche Zentrum des Gründonnerstags bildet aber das sogenannte Letzte Abendmahl, das Jesus an diesem Tag mit seinen Freunden feierte, bevor er gefangen genommen und dann hingerichtet wurde. Um diesem letzten Fest nachzuspüren, kann sich die Familie oder ein Freundeskreis am Tisch versammeln. Eine oder einer steht der Tischgemeinschaft vor. Er oder sie bricht bewusst langsam das Brot und sagt dazu: »Wir brechen das Brot in Erinnerung daran, dass Christus für uns am Kreuz zerbrochen wurde, damit wir nicht zerbrechen an all dem, was uns von außen widerfährt, was unsere Pläne und unsere Vorstellungen vom Leben durchkreuzt, sondern dass wir aufgebrochen werden für unser wahres Selbst, aufgebrochen werden füreinander und aufgebrochen für die unbegreifliche Liebe Gottes. Wir brechen das Brot in der Hoffnung, dass Christus die Lebensmuster in uns zerbricht, die uns das Leben oft schwermachen.«

Dann teilt der Vorsteher oder die Vorsteherin das Brot aus mit den Worten: »Wir teilen dieses Brot als Zeichen dafür, dass wir alles teilen, was uns wertvoll und kostbar ist – unsere Liebe, unsere Kraft, unser Vertrauen, unsere Sehnsucht.«

Anschließend hebt der Vorsteher oder die Vorsteherin das Glas mit Wein und spricht dazu: »Barmherziger Gott, wir danken dir für den Wein, Zeichen der Liebe Jesu zu uns, die unsere Wunden heilt, unser Herz erfreut und unseren Leib und unsere Seele erfüllt.« Dann wird der Wein an die Übrigen ausgeteilt, sodass alle aus dem einen Kelch oder Glas trinken. Einer oder eine kann zu Beginn des Teilens sprechen: »Wir teilen unsere Liebe und in ihr die Liebe Jesu Christi zu uns. Wir trinken die Liebe Jesu und werden in ihr eins miteinander.«

Um das Ritual abzuschließen und wieder in den Alltag zu finden, bleiben alle anschließend am Tisch sitzen und essen und trinken gemeinsam, was jeder zu diesem Mahl mitgebracht hat.

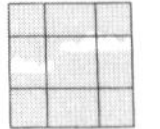

Karfreitag

Am Karfreitag steht das Kreuz im Mittelpunkt, aber nicht als Katastrophe oder als Scheitern, sondern als Siegeszeichen. Für die ersten Christen war das Kreuz ein Zeichen, dass die Liebe stärker ist als der Hass der Welt, dass das Leben über den Tod siegt. Sie folgten damit der Deutung des Johannesevangeliums, in dem es heißt: »Da er die Seinen liebte, liebte er sie bis zur Vollendung« (Johannes 13,1). Jesus selbst deutet seinen Tod am Kreuz als Ausdruck der Freundesliebe: »Es gibt keine größere Liebe, als wenn jemand sein Leben hingibt für seine Freunde« (Johannes 15,13).

Die ersten Christen sahen das Kreuz auch als Symbol für die Einheit aller Gegensätze: Die Einheit von Himmel und Erde, Licht und Dunkel, Mann und Frau, Bewusstsein und Unbewusstsein. Das Verständnis des Kreuzes aus der griechischen, der ägyptischen und der indischen Tradition wurde für die Christen durch den Tod Jesu am Kreuz neu gedeutet. Die Sehnsucht, die in den Deutungen anderer Religionen aufflammte, wurde durch Jesu Tod am Kreuz erfüllt.

Im Johannesevangelium heißt es: »Vom Kreuz herab werde ich alle an mich ziehen« (Johannes 12,32). Es ist also ein Bild dafür, dass Jesus uns mit all unseren Gegensätzen umarmt, mit all unseren Schmerzen, unseren Verletzungen, mit unseren Fehlern und Schwächen. So ist das Kreuz ein Bild dafür, dass wir bedingungslos von Gott geliebt sind.

Ein Ritual, das ich allein, aber auch in einer Gruppe an diesem Tag vollziehen kann, könnte so aussehen: Ich schaue auf ein Kreuz, das in meiner Wohnung hängt, oder auf ein Kreuzbild und stelle mir vor, ich bin von Jesus Christus umarmt, ich bin bedingungslos angenommen mit all meinen Gegensätzen und mit meinen Wunden. Um diese Erfahrung noch zu intensivieren, sind drei Gebärden hilfreich. Dabei ist es in der Gruppe am besten, wenn einer den Text langsam vorliest und die anderen sich auf die Gebärde einlassen.

Ich lege mich mit dem Rücken auf den Boden und strecke die Hände zur Kreuzgebärde aus, die Hände nach oben hin offen. Dann spüre ich dem nach: Im Kreuz öffne ich mich ganz und gar. Ich höre auf, mich hinter einem Panzer zu verstecken. Ich bin auch offen, dass Jesu Liebe jetzt vom Kreuz herab in mich einfließen kann. Ich öffne mich den Menschen gegenüber. Ich lege meine Masken ab. In dieser Haltung der offenen Liebe kann ich das Gebetswort »Dein Wille geschehe!« mit einer inneren Freiheit sprechen. Es ist die Ahnung, dass Gott im Letzten alles gut macht, wenn ich mich ihm ganz ergebe. Es ist vielleicht anders, als ich mir das vorgestellt habe. Aber der Wille Gottes ist meine Heiligung, wie Paulus sagt. Er macht mich wirklich heil und ganz.

Dann drehe ich meine Hände zum Boden. Jetzt spüre ich einen anderen Aspekt: Ich bin festgenagelt an mich selbst. Ich kann vor mir selbst nicht davonlaufen. Ich muss mich akzeptieren und mich aushalten mit all den Gegensätzen in mir. Vielleicht geht mir dabei auf: Ich bin oft genug festgenagelt worden auf ein bestimmtes Bild. Ich durfte nicht ich selbst sein. Diese Wunde halte ich Jesus hin, damit sie geheilt wird. Dann kann ich vielleicht Ja sagen zu meinem Leben.

Eine zweite Gebärde wäre: Ich stelle mich aufrecht hin und hebe meine Hände langsam, bis sie in Schulterhöhe nach rechts und links ausgestreckt sind, die Handflächen nach vorne offen. Jetzt stelle ich mir vor: In dieser Haltung hat Jesus die ganze Welt mit seiner Liebe umarmt. Auch ich umarme in dieser Haltung die ganze Welt. Nichts Kosmisches ist mir fremd. Alles, was in der Welt ist, Materie, Pflanzen, Tiere, Menschen, wird von mir umarmt. Ich spüre eine innere Weite. Ich höre nicht dort auf, wo meine Fingerspitzen enden. Die Fingerspitzen gehen gleichsam bis ins Unendliche. Ich werde eins mit der ganzen Welt. Ich erahne dann auch, was die frühen Christen erfahren haben, wenn sie Jesus als den Sieger am Kreuz dargestellt haben: Jesus hat vom Kreuz herab die ganze Welt umarmt.

Die dritte Gebärde: Ich stelle mich aufrecht hin und kreuze die Arme über der Brust, sodass ich mich selbst umarme. Dann sage ich mir: Weil ich von Christus am Kreuz umarmt bin, umarme ich das Starke und Schwache in mir. Ich umarme das Gesunde und das Kranke in mir, das Gelungene und das Misslungene, das Gelebte und das Ungelebte. Ich umarme in mir die Ruhe und die Unruhe, die Liebe und die Aggression, die Freude und die Trauer, das Vertrauen und die Angst, den Glauben und den Zweifel. Ich umarme in mir das Helle und das Dunkle, das Bewusste und das Unbewusste. Jesus umarmt uns nicht nur mit unseren Gegensätzen, sondern auch mit all den Verletzungen, die wir erlitten haben. Daher kann ich die Gebärde der

Umarmung auch mit den Wunden meines Lebens verbinden. So sage ich mir: Weil ich von Christus am Kreuz umarmt bin, umarme ich in mir das verlassene Kind, das übersehene Kind, das zu kurz gekommene Kind, das unverstandene Kind, das nicht genügende Kind, das lächerlich gemachte Kind, das beschämte Kind, das entwertete Kind, das vernachlässigte Kind, das geschlagene Kind, das abgelehnte Kind und das ungeliebte Kind.

Die Kreuzgebärde ist aber auch eine Schutzgebärde. So gehe ich von den Gegensätzen in mir in den Raum unterhalb aller Gegensätze, gehe vom verletzten Kind in mir zum göttlichen Kind in mir, das auf dem Grund meiner Seele in mir ist. Dort ist ein Raum der Stille, in dem Christus in mir wohnt, in dem Christus in mich eingebrochen ist. Dort wohnt er als das Licht und als die heilende und befreiende Liebe. In diesem Raum der Stille bin ich frei von allen Erwartungen der Menschen, frei auch von dem Druck, den ich mir selbst mache, frei von den Meinungen der Menschen. Dort bin ich heil und ganz. Dort kann niemand mich verletzen. Dort bin ich ursprünglich und authentisch. All die Bilder, die andere mir übergestülpt haben, lösen sich auf, ebenso meine überhöhten Bilder von mir selbst und die der Selbstentwertung. Dann bin ich einfach da, eins mit mir, mit Gott, mit allen Menschen, eins mit allem, was ist. Auch wenn ich jetzt allein in meiner Wohnung bin, verbindet mich diese Erfahrung des Einsseins mit allen Menschen. Dann fühle ich mich zugehörig zur großen Menschheitsfamilie. Dann kann ich mir vorstellen, dass von diesem inneren Raum des Einsseins meine Liebe zu allen Menschen strömt und in meiner Liebe die Liebe Jesu in diese Welt strömt.

In der Bibel ist die Rede davon, dass Jesus vor seinem Tod fünf Wunden am Kreuz erlitt: zwei an seinen Händen und zwei an den Füßen, wo die Nägel, mit denen er ans Kreuz genagelt wurde, durch das Fleisch getrieben wurden, und eine weitere, als der römische Hauptmann ihm mit der Lanze in die Seite oder ins Herz sticht, um herauszufinden, ob er schon tot war. Im Mittelalter entstand unter den frommen Christen das Bedürfnis, diese fünf Wunden Jesu zu verehren. Dahinter stand wohl die Hoffnung, dass auch ihre Wunden verwandelt werden.

Da sind also zunächst die zwei Fußwunden. Sie stehen für unser mangelndes Selbstvertrauen: Wir können nicht zu uns stehen. Wir möchten auf jemanden zugehen, aber irgendetwas blockiert uns. Wir kommen nicht vom Fleck. Oft ist es die Angst, die uns festhält. Wir haben Angst, dem anderen könnte es unangenehm sein, wenn wir auf ihn zugehen. So bleiben wir wie angewurzelt stehen und ärgern uns, dass wir unserem inneren Impuls nicht gefolgt sind.

Die Herzwunde steht für die Verletzungen, die wir in unserer Liebe und im Vertrauen erlebt haben. Wenn wir über diese Wunde nachdenken, fühlen wir uns verbunden mit all den Menschen, die beispielsweise ihre kranken Angehörigen nicht besuchen dürfen, die sich herzlich verbunden fühlen, aber diese Verbundenheit nicht so zeigen können, wie sie gerne möchten.

Die beiden Handwunden stehen für mich für fünf verschiedene Erfahrungen, die wir als Menschen machen: 1. Ich bin angenagelt worden. Ich durfte nicht ich selbst sein. 2. Ich bin festgeklammert worden. Ich durfte nicht meinen Weg gehen. 3. Ich bin fallen gelassen worden. Jemand hat die schützende und bergende Hand über mir weggezogen. 4. Ich bin entwertet worden durch eine entwertende Handbewegung. 5. Ich habe körperliche oder seelische Schläge erlitten.

Wir können diese fünf Wunden auch in Gebärden erfahren. Dazu stehen wir aufrecht und bitten Jesus, dass er unser mangelndes Selbstvertrauen heilt und uns zu uns stehen lässt. Wir legen die Hand aufs Herz und spüren in unsere inneren Verletzungen hinein. Wir bitten Jesus, dass er unsere Herzwunde mit seiner Liebe heilt, die aus seinem offenen Herzen strömt. Wir halten unsere Hände in Form der Schale vor uns hin und denken über unsere Handwunden nach. Wir halten unsere Wunden Jesus hin und vertrauen darauf, dass seine Liebe in diese Wunden einfließt. Dann erleben wir unsere Wunden anders. Sie werden zum Einfallstor der Liebe Jesu.

In unserer Abteikirche sind die Wunden Jesu an der Christusstatue vergoldet worden. Das ist ein schönes Bild. Die Wunden tun weh. Sie sind aber auch etwas Kostbares, etwas, das nur ich erlebt habe, das mich auszeichnet. Sie brechen mich auf, um das innere Gold in mir zu entdecken, das wahre Selbst, das etwas vom Glanz Gottes widerspiegelt.

Karsamstag

Der Karsamstag ist ein stiller Tag ohne Liturgie in der Kirche. Wir erinnern uns daran, dass Christus im Grab liegt, es ist der Tag der Abwesenheit Gottes. Das Glaubensbekenntnis sagt, dass Christus zur Hölle hinabgestiegen ist. Joseph Ratzinger, der spätere Papst Benedikt, deutet das so: Die Hölle ist die absolute Einsamkeit, »in die kein Wort eines anderen mehr verwandelnd eindringen kann«. So könnte ein Ritual am Karsamstag sein, einfach still zu werden und in sich hineinzuhorchen: Kenne ich diese letzte Einsamkeit, in die auch die liebenden Worte meiner Freunde nicht mehr eindringen können? Kenne ich die Verlassenheit von Gott, die Abwesenheit Gottes, dass ich ihn einfach nicht spüre, dass alles Sprechen von Gott an mir vorbeigeht? Dann wäre es gut, diese Einsamkeit und Abwesenheit Gottes auszuhalten und sich vorzustellen, dass Christus dort hineingeht, um die Einsamkeit in Gemeinschaft und die Abwesenheit in die Erfahrung tiefster Geborgenheit in Gott zu verwandeln.

Man könnte am Karsamstag aber auch ein gemeinsames Ritual vollziehen. Man setzt sich in der Familie oder im Freundeskreis zusammen. Jeder schreibt auf einen Zettel, was er gerne begraben möchte – vielleicht einen alten Konflikt oder ein Lebensmuster wie die eigene Empfindlichkeit, das leichte Aufbrausen, Missverständnisse, die das Klima getrübt haben, Verletzungen, Selbstvorwürfe, Schuldgefühle. Dann können alle schweigend ihren Zettel zusammenknüllen und in eine Schale oder ein anderes Behältnis werfen. Zusammen gehen alle in den Garten und graben ein Loch. In dieses Loch kommen die Zettel, dann deckt man sie mit Erde zu. Wenn man möchte, kann man auch eine Blume oder einen Strauch darauf pflanzen, als Zeichen, dass das, was begraben wird, neue Frucht bringt. Wenn man keinen Garten hat, kann man die Zettel gemeinsam verbrennen. Dann kann jeder sich vorstellen: Das Alte löst sich wirklich auf. Es bestimmt mich nicht mehr, es ist verbrannt.

Meine Rituale

Ostern

Ostern verlangt nach einer gemeinsamen Feier. Wenn das in der Pfarrei nicht möglich ist, dann sollte man sich einen Kreis aussuchen, in dem man gemeinsam dem nachspüren kann, was das Ostergeheimnis ausmacht. In diesem Kreis kann man die Selbstermächtigung im Glauben erproben. Jeder hat eine Ahnung in sich, was Ostern bedeutet. Man sollte der eigenen Ahnung trauen, aber sich auch mit dem auseinandersetzen, was uns die Tradition anbietet.

Eine Idee wäre, am späten Abend oder aber am frühen Morgen die Dunkelheit wahrzunehmen. Wir können uns dann fragen: Was ist in mir dunkel? Was sollte in mir erhellt und verwandelt werden? Wo sind in der Tiefe meiner Seele dunkle Seiten, die ich nicht kenne? Dann zündet einer oder eine eine größere Kerze an und spricht dazu die Worte, die der Priester am Osterfeuer über die Kerze spricht: »Christus ist glorreich auferstanden vom Tod. Sein Licht vertreibe das Dunkel der Herzen.« Er oder sie gibt das Licht weiter und spricht dabei zu dem, dem er die Kerze entzündet, den Vers aus dem Epheserbrief: »Wach auf, du Schläfer, und steh auf von den Toten, und Christus wird dein Licht sein« (Epheser 5,14) oder, wem der Vers zu lang erscheint: »Das Licht Jesu Christi erleuchte dich«. Dann könnte einer oder eine aus dem Kreis einen Teil des Exsultet vortragen. Das Exsultet ist ein österliches Loblied, etwa um das Jahr 400 entstanden, in dem wunderbare Bilder das Geheimnis der Nacht besingen, in der alles Dunkel vom Licht der Auferstehung erleuchtet wird.

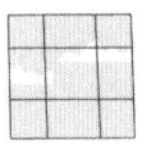

Osteraugen

Ein altes Osterritual ist, am Ostermorgen zu einer Quelle zu gehen und sich die Augen mit dem Quellwasser auszuwaschen, um »Osteraugen« zu bekommen. Wenn man keine Quelle in der Nähe weiß, kann man das Ritual auch so vollziehen: Wir stellen eine Schale Wasser auf den Tisch. Dann kann einer oder eine einen Segen über das Wasser sprechen und dabei die Hände über das Wasser halten: »Barmherziger und guter Gott, segne dieses Wasser und erfülle es mit der reinigenden und heilenden Kraft deines Heiligen Geistes. Lass uns durch dieses Wasser teilhaben am Geheimnis der Auferweckung Jesu, damit wir mit aufgeweckten Osteraugen in die Welt und auf die Menschen schauen.«

Dann kann einer dem anderen die geschlossenen Augen mit Wasser benetzen und dabei sagen: »Jesus Christus schenke dir Osteraugen, dass du das Leben des Auferstandenen in der Schöpfung, in jedem Menschen und auch in dir erkennst.«

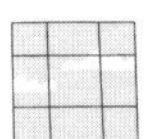

Osterfrühstück

Zu den Osterritualen gehört auch die Weihe der österlichen Speisen: Eier, Speck, Brot und das Osterlamm, häufig in Form eines Gebäcks. Darin kommt zum Ausdruck, dass bei jedem Mahl etwas von der todüberwindenden Kraft der Auferstehung anwesend ist. In den Speisen essen wir das Leben, das Gott uns geschenkt hat und das auch in uns den Tod überwinden will. Wir haben teil an der Erneuerung unseres Lebens, die wir in der Auferstehung feiern.

Osterlachen

Im Mittelalter war zudem das Osterlachen ein beliebter Brauch. Der Priester erzählte in der Predigt einen Witz, damit die Leute in der Kirche lachen konnten. Wenn einer aus der Familie oder dem Freundeskreis möchte, kann er auch beim anschließenden gemeinsamen Osterfrühstück einen Witz erzählen. Manche meinen, das zieme sich nicht. Aber das Lachen ist der Ausdruck dafür, dass wir teilhaben an der Auferstehung Jesu und daher über Tod und Leid siegen werden. Im Lachen drücken wir den Glauben aus, dass das Leid nicht das letzte Wort für uns ist, sondern die Auferstehung Jesu.

Osterspaziergang

Ein weit verbreitetes Osterritual ist der Osterspaziergang. Wir gehen bewusst durch die österliche Landschaft und nehmen das neue Leben wahr, das überall aufblüht. Es ist ein Bild für die Auferstehung Jesu. Er selbst ist das neue Leben, das uns auch in der Natur begegnet. Dabei können wir das Ritual des Osterspaziergangs auf zwei verschiedene Weisen durchführen, je nach spirituellem Ausgangspunkt. Der eine schaut das Geheimnis der aufbrechenden Natur an und erahnt in dem, was er sieht, das Geheimnis der Auferstehung. Der andere geht vom Ostergeheimnis aus, dass Christus den Tod überwunden hat, und sieht in der Natur das, was er von der Auferstehung glaubt, bestätigt. Der Weg kann also von der Natur zum Geheimnis des Osterglaubens führen oder vom Osterglauben zu einer neuen Sicht der Natur.

Wenn wir die Natur im Frühling mit dem Geheimnis der Auferstehung zusammensehen, dann spüren wir, dass Auferstehung nichts schwer Verständliches ist. Das Geheimnis der Auferstehung erleben wir in jedem Aufbrechen einer Knospe, in jedem Aufblühen neuen Lebens. Aber wir können das, was wir sehen, auch in uns entdecken: In uns blüht Jesus Christus auf, der der Weg, die Wahrheit und das Leben ist. Jesus ist die Schönheit schlechthin. Gottes Schönheit wird überall sichtbar, in uns, in den Menschen, denen wir begegnen, in der Schöpfung. Die Auferstehung, die wir in der Schöpfung wahrnehmen, zeigt uns jedoch auch, dass in unserem Tod das neue Leben Gottes in uns aufblühen wird. Das ist keine Flucht ins Jenseits. Es nimmt uns vielmehr die Angst vor dem Tod. Die Auferstehung Jesu verheißt uns die eigene Auferstehung. Auferstehung heißt: Das Leben ist stärker als der Tod. Die Liebe ist stärker als der Tod. Aus der Liebe Gottes können wir nicht herausfallen, auch nicht im Tod. Und auch: Die Liebe zu einem Menschen wird den Tod überdauern.

Meine Rituale

. . . .

. . . .

. . . .

. . . .

Osterzeit

Die Osterzeit dauert fünfzig Tage und endet dann mit Pfingsten. Wir kennen die Fastenzeit als Zeit des Trainings in die innere Freiheit. Ähnlich sollten wir die Osterzeit als eine heilige und heilsame Zeit betrachten. In ihr will sich das Leben, das in der Auferstehung Jesu über den Tod gesiegt hat, immer mehr in uns durchsetzen und alles Erstarrte zu neuem Leben wecken. Ein Ort, an dem der Auferstandene seinen Jüngern immer wieder begegnet, ist das Mahl. So könnte das sonntägliche Essen zu einem Osterritual werden, indem man die Osterkerze auf den Tisch stellt und anzündet. Folgendes Gebet könnte das gemeinsame Mahl einleiten: »Auferstandener Herr Jesus Christus, du hältst jetzt mit uns Mahl. Du lässt uns in diesem österlichen Mahl teilhaben an deinem Leben, das den Tod besiegt hat, und an deiner Liebe, die stärker ist als der Tod. In den Gaben, die du uns schenkst, dürfen wir deine Lebenskraft in uns aufnehmen und deine Liebe genießen. So erfülle uns in diesem Mahl mit deinem Segen. Amen.«

Ein gutes Ritual für die Sonntage der Osterzeit wäre, wenn wir uns an jedem Sonntag eine Ostergeschichte vornehmen und sie entweder persönlich meditieren oder in der Familie oder im Freundeskreis besprechen: Welche österliche Erfahrung können wir mit dieser Erzählung machen? Wie erleben wir uns, wenn wir uns auf diese Geschichten einlassen? So möchte ich ein paar Anregungen geben, wie wir mit diesen Ostererzählungen umgehen können.

Die Emmausgeschichte (Lukas 24,13–35) lädt dazu ein, einen gemeinsamen Spaziergang zu machen und dabei einander zu erzählen (man kann das natürlich auch zu Hause in einer Gesprächsrunde tun): Wo wurde ich schon enttäuscht in meinem Leben? Worauf habe ich Hoffnung gesetzt und sie ist zerbrochen? Wie bin ich damit umgegangen?

In einem zweiten Schritt kann man sich darüber austauschen: Wo hat mich ein Wort Jesu oder ein Wort der Bibel im Herzen berührt? Bei welchem Wort kann ich mit den Emmausjüngern sagen: »Brannte uns nicht das Herz in der Brust, als er unterwegs mit uns sprach?« Welches Wort wärmt mein Herz noch heute? In einem dritten könnte man der Frage nachgehen: Wenn ich auf mein Leben und meine Enttäuschungen schaue, kann ich im Licht Jesu einen Sinn darin erkennen? Kann ich mit Jesus sagen: »Musste nicht der Messias all das erleiden, um so in seine Herrlichkeit zu gelangen«? Ich kann das Wort auf mich hin so deuten: Musste all das nicht geschehen, damit ich immer mehr in meine einmalige Gestalt, die mir Gott geschenkt hat, hineinwachse?

Wenn man unterwegs ist, kann man dann das Brot miteinander brechen und einfach still bleiben, um zu erahnen, dass der Auferstandene sozusagen mit dabei ist.

Nach der Emmausgeschichte erzählt das Lukasevangelium, dass die Jünger alle zusammen waren und von ihren Erfahrungen erzählten (Lukas 24,36–43). Zuerst sind sie begeistert. Doch dann bekommen sie Angst, als Jesus plötzlich selbst in ihre Mitte tritt. Er zeigt ihnen seine Hände und Füße und sagt zu ihnen: »Ich bin ich selbst.« Im Griechischen heißt das: »*Ego eimi autos.«* »*Autos*« ist für die stoische Philosophie, auf die Lukas immer wieder im Evangelium und in der Apostelgeschichte zu sprechen kommt, das innere Heiligtum, das unverwechselbare, einmalige Selbst. So könnte man diese Geschichte in die Erfahrung umsetzen, indem jeder innehält und sich einen ganz normalen Tag in seinem Leben vorstellt. Beim Aufstehen sagt man sich: »Ich bin ich selbst«, das Gleiche beim Frühstück, bei der Arbeit, beim Gespräch am Tisch, beim Gespräch mit Freunden. Dann fragt sich jeder: Wie würde ich mich fühlen, wenn ich ganz ich selbst wäre? Vielleicht spüre ich dann, dass ich meine Rollen loslasse, dass der ganze Druck, mich zu beweisen, mich anzupassen, wegfällt. Ich wäre einfach ich selbst, frei, offen für die Menschen, aber ohne den Drang, mich zu vergleichen, etwas vorweisen zu müssen. Das wäre die Erfahrung von Auferstehung, wie Lukas sie versteht. Wenn man möchte, kann man sich über diese Erfahrung austauschen.

Am Ostersonntag wird das Evangelium verkündet, in dem Maria von Magdala dem Auferstandenen begegnet (Johannes 20,1–18). Man kann zu diesem Text folgende Meditation durchführen: Jesus spricht Maria von Magdala mit ihrem Namen an. In diesem Namen erfährt Maria die Liebe, mit der Jesus sie, als er noch lebte, angesprochen hat. Auferstehung heißt: Im Tod wird mich Jesus mit meinem Namen ansprechen. So kann ich mir vorstellen: Jesus spricht mich jetzt mit meinem Namen an. In diesem Namen ist nicht nur die Liebe Jesu spürbar, sondern die Liebe all der Menschen, die mich mit diesem Namen angesprochen haben: meine Eltern und Geschwister, meine Verwandten und Bekannten und meine Freunde. Mit diesem Namen wird mich Jesus auch im Tod ansprechen. Die Liebe ist stärker als der Tod. Sie wird ihn überdauern. Ich kann nicht aus der Liebe Gottes herausfallen und auch nicht aus der Liebe der Menschen, in der immer auch etwas von Gottes Liebe spürbar ist.

Am zweiten Sonntag nach Ostern wird immer das Evangelium von der Begegnung des Thomas mit dem Auferstandenen verkündet. Man kann das Evangelium verschieden auslegen. Thomas ist nicht nur der Zweifler, der auch uns erlaubt, am Glauben zu zweifeln. Er ist vor allem einer, der sich nicht damit begnügt, nur das zu glauben, was andere ihm erzählen. Er will es selbst erfahren. Wir wollen ebenfalls das Geheimnis der Auferstehung erfahren. Wir wollen den Auferstandenen spüren. Das Paradox ist, dass Thomas seine Finger in die Wunden Jesu legt. Daran erkennt er den Auferstandenen. Für mich ist daher folgende Meditation eine Hilfe, das Geheimnis des auferstandenen Christus zu erfahren: Ich kann die Wunden Jesu nicht berühren. Aber ich kann meine eigenen Wunden berühren. Diese kann ich auch so verstehen, dass mich in meinen Wunden der Auferstandene für seine heilende Nähe aufbricht. So ist zum Beispiel die Wunde, die Gott Jakob im nächtlichen Kampf zufügt, für diesen ein Erinnerungszeichen an die Begegnung mit dem Gott, der ihn gesegnet hat (vgl. Genesis 32,23–33). Und ich kann mir den Satz aus 2 Petrus 2,24 vor Augen halten: »Durch seine Wunden seid ihr geheilt.«

Wenn ich meine eigenen Wunden berühre, kann ich mir also vorstellen, dass mich darin der Auferstandene berührt. Er ist für mich verwundet worden, um meine Wunden zu heilen. Ich halte meine Hand an meinen Hals, weil ich spüre, dass die Angst meine Kehle zuschnürt. Ich stelle mir vor: Jesus hat diese Angst selbst erlebt, um meine Angst zu verwandeln. In meiner Angst ist Christus, der zu mir sagt: Deine Angst bricht dich auf für mich. Du spürst, dass du dir selbst nicht genug bist. Lass mich deine Angst berühren, damit sie sich in Glauben und Vertrauen wandeln kann. Dann lege ich meine Hand auf meine Brust, in der sich oft Traurigkeit festsetzt. Ich stelle mir vor, dass mich der Auferstandene dort berührt und mir sagt: Ich habe deine Niedergeschlagenheit am Ölberg erlebt. Lass die Kraft meiner Auferstehung in deine Traurigkeit strömen. Ich halte meine Hand an mein Herz, in dem ich oft durch kränkende Worte verletzt worden bin. Ich stelle mir vor, wie die Liebe des Auferstandenen in mein Herz strömt, sodass ich in der Wunde zugleich seine Gegenwart erahnen kann. So kann ich den ganzen Leib durchgehen: meinen Bauch, in dem so manches Unverdaute herumliegt. Manchmal habe ich vielleicht auch Wut im Bauch. Dann die Oberschenkel, die hart geworden sind, das Knie, das mir Probleme bereitet, die Waden, in denen ich verkrampfe, und die Füße, die oft kalt sind. In alle Bereiche lasse ich die Kraft der Auferstehung hineinströmen.

Ein anderes Osterevangelium spricht von der Nacht der Vergeblichkeit, von Frustration und Enttäuschung (vgl. Johannes 21,14). Die Jünger haben die ganze Nacht gefischt und nichts gefangen. Am Morgen steht Jesus am Ufer und befiehlt, dass sie nochmals das Netz auswerfen sollen, aber jetzt auf sein Wort hin. Und ihr Netz ist auf einmal voller Fische. Da sagt »der Jünger, den Jesus liebte, zu Petrus: ›Es ist der Herr‹« (Johannes 21,7). Ich kann das Evangelium so meditieren: Wo habe ich Enttäuschung, Frustration, Vergeblichkeit erfahren? Wo habe ich mich umsonst bemüht und es ist nichts dabei herausgekommen? In diese Situationen spreche ich hinein: »Es ist der Herr!« Verwandelt sich dann mein Gefühl von Enttäuschung? Ich kann auch in alltägliche Situationen, etwa wenn ich im Büro am Computer sitze oder in einer Sitzung bin oder bei familiären Konflikten, das Wort hineinsprechen: »Es ist der Herr«. Dann bekomme ich Abstand zur Situation und sie wandelt sich. Ich bin nicht allein. Der Auferstandene ist bei mir und vermag die Enttäuschung in Gelingen zu verwandeln.

Wir können die ganze Osterzeit auf besondere Weise gestalten, einmal beispielsweise durch schönen Osterschmuck in der Wohnung, zum anderen aber auch, indem wir immer wieder in die Natur gehen, um das Geheimnis der Auferstehung in der aufbrechenden Natur wahrzunehmen, in den Blumen, die aufblühen, in den Blättern, die sich an den Bäumen ankündigen und dann entfalten und die Landschaft immer grüner werden lassen. Grün ist die Farbe der Hoffnung. Wenn ich das frische Grün des Frühlings betrachte, wird auch in mir etwas lebendig, und ich vertraue darauf, dass auch in mir neues Leben aufblüht.

Meine Rituale

. . . .

. . . .

. . . .

. . . .

Christi Himmelfahrt

Das Fest Christi Himmelfahrt berührt viele Menschen heute nicht mehr, weil der religiöse Inhalt dahinter den meisten fremd geworden oder unbekannt ist. Die Gesellschaft hat daher diesen Tag umgeformt zum Vatertag. So schlage ich hier zwei Rituale vor, die mir helfen können, das Geheimnis dieses Festes zu erspüren und zu verstehen und mich selbst auf neue Weise zu erleben.

Das erste Ritual ist eine Gebärde: Ich stelle mich aufrecht hin und erhebe die Hände über meinen Kopf, als wollte ich sie zum Himmel öffnen. Diese Gebärde nennt man Orantehaltung, und sie wird oft in den Katakomben auf Grabmälern dargestellt. Ich bleibe länger in dieser Haltung und stelle mir dabei vor: Ich öffne den Himmel über mir selbst, aber auch über all den Menschen, die oft das Gefühl haben, dass ihr Himmel verhangen, dass der Himmel über ihnen grau ist, dass sie keine Offenheit spüren für etwas, das größer ist als sie selbst. Die Gebärde schenkt mir selbst das Gefühl von Weite und Freiheit. Und sie vermittelt mir die Hoffnung, dass der Himmel aufgeht über den Menschen, die fixiert sind auf ihre alltäglichen Sorgen und Probleme.

Das zweite Ritual geht von einem Wort des schlesischen Dichters und Mystikers Angelus Silesius aus: »Halt an, wo läufst du hin? Der Himmel ist in dir. Suchst du Gott anderswo, du fehlst ihn für und für.« Ich stelle mir vor, dass auf dem Grund meiner Seele der Himmel ist. Himmel, das ist der Raum, der von Gott erfüllt ist. In diesem Raum bin ich nicht allein. Da wohnt Gott in mir. Und dort, wo Gott, das Geheimnis in mir wohnt, bin ich bei mir zu Hause. Dort, wo der Himmel in mir ist, kann der Lärm der Welt nicht eindringen. Die vielen Stimmen, die mich ständig bewerten, haben da keinen Zutritt, ebenso wenig wie die verletzenden Worte von anderen Menschen. Christus ist in den Himmel aufgefahren. Er ist in den Himmel in mir eingetreten, um in mir zu herrschen. Die Apostelgeschichte deutet die Himmelfahrt so: Gott hat Jesus in den Himmel erhoben: »Ihn hat Gott als Herrscher und Retter an seine rechte Seite erhoben, um Israel die Umkehr und Vergebung der Sünden zu schenken« (Apostelgeschichte 5,31). Es sind also vier Wirkungen, die Christus in meinem Inneren vollzieht: Er herrscht in mir, damit ich nicht mehr beherrscht werde von den Erwartungen und Meinungen der Menschen und auch nicht von meinen eigenen Bedürfnissen. Er ist der Retter, griechisch *soter*, der meine Wunden heilt und mich in Berührung bringt mit meinem wahren Selbst. Er bewirkt in mir Umkehr, ein Umdenken und die Erfahrung, dass meine Sünden vergeben sind, dass ich bedingungslos angenommen bin mit allem, was schiefgelaufen ist in meinem Leben, auch mit all dem Chaotischen und Fehlerhaften in mir. So kann ich die Hände über der Brust kreuzen und den Himmel in mir spüren, in dem ich frei bin, ganz ich selbst, ausgerichtet auf Gott, rein und klar und versöhnt mit mir selbst und mit Gott.

Ein anderes Thema an Christi Himmelfahrt ist das des Abschieds: Jesus nimmt endgültig Abschied von seinen Jüngern. Er hat sie vierzig Tage lang gelehrt. Jetzt verlässt er sie, damit sie ihm nicht äußerlich nachfolgen, sondern das, was er sie gelehrt hat, verinnerlichen. Er will für uns kein Guru sein, von dem wir abhängig werden, sondern ein innerer Lehrer, der uns in Berührung bringt mit der Weisheit unserer Seele, sodass wir selbstständig unseren Weg gehen. Dieses Thema kann ich meditieren, indem ich allein spazieren gehe. Ich stelle mir vor: Ich gehe im Geist Jesu meinen Weg. Aber ich gehe ihn als diese einmalige Person. An welcher Stelle bin ich zu abhängig von Menschen, von ihrer Zustimmung oder Ablehnung? Wo kopiere ich zu sehr andere Menschen? Und was heißt das, alleine im Geist Jesu meinen Weg zu gehen? Das ist auch eine Herausforderung und mit dem Schmerz verbunden, dass ich von Lehrern und Meistern in meiner Lebensgeschichte Abschied nehmen und meinen Weg allein weitergehen muss, in innerer Freiheit und in Verantwortung für andere und im Vertrauen darauf, dass meine Seele ihre eigene Weisheit hat, der ich folgen darf.

Meine Rituale

. . . .

. . . .

. . . .

. . . .

. . . .

. . . .

Pfingsten

Pfingsten ist die Vollendung des Osterfestes. Doch was der theologische Hintergrund dieses Festes ist, berührt die Menschen heute sehr wenig. Bei den Jugendkursen haben wir manchmal die Jugendlichen eingeladen, nach dem Pfingstgottesdienst die Kirchenbesucher zu fragen, was für sie Pfingsten bedeutet. Das war häufig ziemlich frustrierend. Denn viele wussten nicht, was es meint. Sie konnten auch gar nicht genau sagen, warum sie an Pfingsten im Gottesdienst waren. Daher kommt es darauf an, dass wir Pfingsten wieder in die Erfahrung der Menschen bringen. Rituale könnten dabei helfen.

Pfingsten ist das Fest des Heiligen Geistes. Das Johannesevangelium verbindet den Heiligen Geist mit dem Bild der Quelle oder des Brunnens. So könnte ein Ritual am Pfingstfest sein, dass man zu einer Quelle geht und das Geheimnis der Quelle meditiert. So wie die Quelle unaufhörlich Wasser spendet, so ist der Heilige Geist in mir eine Quelle, die nie versiegt, aus der ich immer schöpfen kann, ohne erschöpft zu werden. Oder man wandert zu einem Brunnen. Jesus hat am Jakobsbrunnen mit der Samariterin über das Geheimnis des Wassers gesprochen. Das Wasser, das Jesus uns gibt, wird in uns zur sprudelnden Quelle, die nie versiegt (vgl. Johannes 4,14).

Das Lukasevangelium schildert das Pfingstereignis als »ein Brausen, wie wenn ein heftiger Sturm daherfährt« (Apostelgeschichte 2,2). So könnte man etwas vom Geheimnis des Heiligen Geistes erahnen, wenn man sich in den Wind stellt und sich vorstellt: Der Heilige Geist bläst alles aus mir heraus, was staubig und veraltet ist, und erfüllt mich mit einem neuen Geist, mit neuem Atem. Im Atem strömt Gottes Geist in mich ein, erneuert mich und erfüllt mich mit Liebe. So wie der Wind mich manchmal zärtlich streichelt, so will auch der Heilige Geist mich streicheln. Er ist in meinem Atem und durchdringt mich in meinem Atem. Rumi, einer der bekanntesten persischen Dichter des 13. Jahrhunderts, nennt den Atem Gottes »Liebesduft«. Ich kann mir also vorstellen, dass mich in meinem Atem Gottes Liebe durchdringt. Ich kann mir dazu das Wort aus dem Römerbrief zusagen: »Die Liebe Gottes ist ausgegossen in unsere Herzen durch den Heiligen Geist, der uns gegeben ist« (Römer 5,5).

Laut dem Lukasevangelium kommt der Geist in Feuerzungen auf die Jünger herab. So wäre Pfingsten eine Einladung, über die eigene Sprache zu reflektieren und sich darüber auszutauschen: Wie sprechen wir miteinander? Verstehen wir uns, wenn wir sprechen? Oder reden wir manchmal am anderen vorbei? Ist es eine wärmende Sprache, die wir sprechen, oder eine kalte, die andere frieren lässt? Wir können über die Sprache in unserer Familie und in unserem Freundeskreis nachdenken. Die Sprache baut ein Haus, so sagen die Kirchenväter. Welches Haus bauen wir mit unserer Sprache? Fühlen wir uns wohl in diesem Haus? Oder sind es oft verletzende, entwertende, vorwurfsvolle oder kalte Worte, die wir einander sagen? Wenn Jesus spricht, dann brennt den Jüngern das Herz (vgl. Lukas 24,32). Sie spüren, dass Jesu Worte aus dem Heiligen Geist strömen und die Herzen wärmen. Das wäre eine Herausforderung an uns: an Pfingsten Worte zu sagen, die wärmen, die ermutigen, die berühren, bewegen, aufrichten.

Die christliche Tradition kennt die sieben Gaben des Heiligen Geistes: die Gabe der Weisheit, des Verstandes und der Einsicht, des Rates, der Stärke, der Erkenntnis und Wissenschaft, der Frömmigkeit und der Gottesfurcht. Paulus spricht im Galaterbrief von neun Früchten des Heiligen Geistes: »Die Frucht des Geistes ist Liebe, Freude, Friede, Langmut, Freundlichkeit, Güte, Treue, Sanftmut und Selbstbeherrschung« (Galater 5,22f). Ein schönes gemeinsames Pfingstritual könnte sein, dass man auf Karten entweder die sieben Gaben des Heiligen Geistes oder die neun Früchte des Geistes schreibt. Dann kann sich jeder aus der Familie oder dem Freundeskreis eine Karte ziehen. Und er darf darauf vertrauen, dass der Heilige Geist ihn mit der Gabe beschenkt, die er gerade braucht, um die Herausforderungen der nächsten Zeit gut bewältigen zu können. Es ist nicht nur ein Spiel. Wir dürfen darauf vertrauen, dass wir gerade die Gabe ziehen, die wir jetzt in unserer Situation nötig haben.

Meine Rituale

. . . .

. . . .

. . . .

. . . .

. . . .

Sonnenwende – Johannes der Täufer

Das Fest Johannes des Täufers am 24. Juni ist bei vielen Menschen beliebt, weil es auf die Sonnenwende im Sommer fällt. An diesem Tag erreicht die Sonne ihren höchsten Stand und nimmt fortan langsam wieder ab, damit in uns eine innere Wende geschieht. Die Sonnenwende steht für die vielen Wendezeiten in unserem Leben. In jeder geht es darum, dass unser Ego schwächer wird, damit wir mehr in Berührung kommen mit unserem wahren Wesen. Die äußere Sonne, die uns im Sommer so ausgiebig scheint und wärmt, nimmt ab. Doch die innere Sonne, die jeder in seinem Herzen trägt, soll ab dem Sommer zunehmen, bis sie an Weihnachten unser ganzes Herz erleuchtet.

Johannes ist der Vorläufer, der auf Jesus hinweist und die Menschen zur Umkehr bewegt. Der berühmte Maler Matthias Grünewald hat Johannes den Täufer unter dem Kreuz mit einem ausgestreckten Finger dargestellt, der auf Jesus deutet. Johannes tritt zurück. Er weist in seiner Person ganz und gar auf Jesus hin. Das Fest zu seinem Gedenken möchte uns einladen, uns die Frage zu stellen: Auf wen weise ich hin mit meiner Person? Zeige ich bei allem, was ich tue, nur auf mich selbst? Vermittle ich den Menschen: Schaut her, was ich für ein toller Mensch bin! Oder verweise ich auf etwas, was größer ist als ich, auf eine gemeinsame Aufgabe, auf ein Ziel? Was heißt es für mich, auf Christus zu verweisen, auf den, der einen Weg zum Leben zeigt, und auf Christus als das Bild für mein wahres Selbst? Und wodurch erkennen die Menschen, dass ich auf Christus verweise?

Im Johannesevangelium sagt Johannes die bedeutsamen Worte: »Er muss wachsen, ich aber muss kleiner werden« (Johannes 3,30). Wir sollen uns im Leben nicht kleiner machen, als wir sind. Aber die Frage ist, ob wir uns ständig größer machen wollen, als wir in Wirklichkeit sind. Und: Verweisen wir mit unserer ganzen Existenz auf den, der größer ist als wir selbst – Christus, Gott? Oder, weltlich betrachtet: auf die Familie, die Gemeinschaft, die Gesellschaft? Diene ich mit meiner Person einem Anliegen, das größer ist als ich selbst?

Christus ist für C. G. Jung ein Bild für das Selbst und damit das Gegenteil des Egos. Das Ego muss abnehmen, damit wir zu unserem Selbst finden, damit alles, was wir tun, aus dem Selbst strömt und nicht mehr aus dem Ego. Das Ego will immer anderen imponieren. Das Selbst ist einfach da. Es hat es nicht nötig, sich darzustellen, weil es in sich wertvoll ist. Wer immer um sein Ego kreist, wirkt unangenehm auf uns. Wer durchlässig ist für das Selbst, für den Christus in sich, der schafft Beziehung, mit dem sprechen wir gerne.

Im Gespräch in der Familie oder unter Freunden können wir uns darüber austauschen, worauf wir mit unserem Leben verweisen und für wen wir Zeugnis ablegen. So können wir in der Mitte des Jahres gemeinsam innehalten und nachdenken: Was bedeutet für uns die Sonnenwende? Vielleicht erinnert sie uns an die Lebenswende, die C. G. Jung beschrieben hat. Er meint, in der Lebensmitte gehe es darum, diese Wende bewusst wahrzunehmen. Statt immer größeren Wert auf Äußerlichkeiten zu legen, sollten wir nach innen gehen. Die Jahresmitte lädt uns ein, die Sonne, die nach außen abnimmt, in unserem Herzen aufgehen zu lassen.

Meine Rituale

Die Zeit des Sommers – Mariä Himmelfahrt

Im Sommer erleben wir nicht nur die Fülle in der Natur, sondern auch unsere eigene Fülle. Daher steht er im Lebenskreis des Menschen für die Blüte. Wir sind auf dem Höhepunkt unserer Leistungsfähigkeit. Wir überblicken unser Leben, sonnen uns in unseren Erfolgen. Unser Leben bringt Frucht. Doch im Spätsommer meldet sich schon ein anderes Gefühl in uns: Wir spüren, dass der Herbst kommen wird, dass unsere Kraft nicht mehr zunehmen, sondern abnehmen wird. Das Fest Mariä Himmelfahrt wird am 15. August gefeiert und steht damit genau an diesem Scheitelpunkt. Es ist der Höhepunkt des Sommers und zugleich meldet sich schon der Spätsommer an. Oft ist an diesem Fest strahlender Sonnenschein, aber es ist deutlich spürbar, dass es wieder früher dunkel wird. Nicht selten schlägt zudem in den Tagen darauf das Wetter um und der Sommer ist vorbei.

Das Fest ist mit Bildern aus der Natur verbunden. Theologisch feiern wir an diesem Tag, dass Maria mit Leib und Seele in den Himmel aufgenommen wird. Auch wir werden im Tod mit Leib und Seele in den Himmel aufgenommen. Natürlich wird der Leib verwesen. Aber die theologische Aussage meint, dass wir als Person in Gott hinein gerettet werden. Denn unser Leib ist Ausdruck unserer einmaligen Person. Unser Personsein drückt sich aus im Gesicht, in der Stimme und in all den Erfahrungen, die wir mit unserem Leib machen: Freude und Leid, Liebe und Traurigkeit.

Mariä Himmelfahrt bedeutet aber auch, dass wir mit Maria jetzt schon in den Himmel aufgenommen worden sind. Wir sind hinaufgehoben in eine neue Weise des Lebens, sind hinübergegangen in eine neue Wirklichkeit. Wir könnten das erfahren, wenn wir Musik hören oder die Schönheit der Schöpfung wahrnehmen. Der Musikproduzent und Musikjournalist Ernst Joachim Berendt meinte, jede Musik sei ein Hinübergehen in eine andere Welt voller Schönheit und Liebe. Wir können das Hinübergehen in eine schönere Welt auch erleben, wenn wir uns bewusst auf eine Bank oder auf eine Wiese setzen und die Schönheit der Landschaft wahrnehmen. Indem wir einfach im Schauen des Schönen aufgehen, erleben wir etwas vom Geheimnis des Festes. Das Schöne, das wir schauen, hebt uns innerlich empor und verbindet uns auf neue Weise miteinander. Der Schriftsteller Martin Walser meinte einmal: »Es ist eine mich übersteigende Fähigkeit, dass ich etwas schön finden kann. Nie bist du so wenig allein, wie wenn du etwas schön findest. Solange du etwas schön findest, bist du erlöst. Erlöst von dir.« So verbindet uns das Schauen auf die schöne Landschaft. Zudem erleben wir in uns eine neue Freiheit. Wir kreisen nicht um uns selbst, sondern überlassen uns dem Schauen. Wir werden frei vom eigenen Ego, eins mit dem Geschauten. So bildet sich das Schöne in uns ein. Wir erleben uns auf neue Weise. Das ist der Sinn des Festes Mariä Himmelfahrt: uns selbst auf neue Weise zu erfahren, uns als schön, als frei und als wertvoll zu erleben.

Die katholische Tradition kennt an diesem Fest das Sammeln von Heilkräutern, die dann zu Kräuterbüscheln kunstvoll zusammengebunden werden. Es sind meist neun Heilkräuter, die für alle Bereiche des Menschen stehen, und schöne Blumen, die auf die Schönheit Marias hinweisen. In den Dörfern rund um

Murnau habe ich erfahren, dass dieses Ritual heute noch mit großer Liebe praktiziert wird. Die Leute bringen große Kräuterbüschel in die Kirche, damit sie dort gesegnet werden. Es lohnt sich, dieses Ritual beizubehalten. Wenn beispielsweise Eltern mit ihren Kindern Heilkräuter und schöne Blumen suchen gehen, ist das nicht nur eine Möglichkeit, die heimische Flora kennenzulernen, sondern es kann auch in Kindern und Erwachsenen das Gespür für die Heilkraft der Natur und für ihre Schönheit vertiefen. Diese gesegneten Kräuterbüschel nehmen die Leute mit nach Hause. Manche hängen sie in der Wohnung auf. Im Herbst räuchert man mit diesen Kräutern dann die Wohnung, um eine gute Atmosphäre zu schaffen. Oder aber man legt die Kräuterbüschel auf das Grab der Lieben, um auszudrücken, dass die Verstorbenen jetzt an der Schönheit Gottes teilhaben, dass sie in ihre ursprüngliche Gestalt hineingewachsen sind.

Marienfeste sind immer hoffnungsvolle, frohe Feste. An Mariä Himmelfahrt wird deutlich, dass Gott uns eine gute Schöpfung geschenkt hat, die wir jedoch auch pflegen und beschützen sollen. Gott hat uns in der Natur heilende Kräfte geschenkt. Um das hautnah zu erfahren, ist es an diesem Fest auch sinnvoll, einen Spaziergang durch die spätsommerliche Landschaft zu machen und gemeinsam die Schönheit der Natur zu bewundern. Maria, die schöne Frau, »die schönste aller Blumen«, wie es ein Lied ausdrückt, will uns die Augen öffnen, dass wir Gott in der Schönheit der Schöpfung selbst wahrnehmen. Denn er ist das Urschöne. In jeder Schönheit leuchtet Gottes Schönheit für uns auf. Zudem ist das Fest eine Einladung, die eigene Schönheit wahrzunehmen. Das Wort »schön« hat die gleiche Sprachwurzel wie das Wort »schauen«. Wenn ich mich liebevoll anschaue, bin ich schön. Wenn ich den anderen liebevoll anschaue, entdecke ich seine Schönheit. Hässlich ist der, der sich selbst hasst. Der andere erscheint mir hässlich, wenn ich ihn hasse. In vielen Gegenden ziehen Frauen und Männer an diesem Tag bewusst ihre Tracht an, um die eigene Schönheit zu genießen. Das ist durchaus auch eine Form, das Geheimnis des Festes in das eigene Leben zu übersetzen. Denn in einer schönen Tracht erlebe ich mich selbst anders. Ich würdige mich und genieße die eigene Schönheit, die mir Gott geschenkt hat und an die er mich in Maria erinnert.

Meine Rituale

. . . .

. . . .

. . . .

. . . .

. . . .

. . . .

. . . .

. . . .

Herbstzeit – Michael

Der Herbst hat eine eigene Qualität. Wenn die Farben die Bäume schmücken, zeigt er eine besondere Schönheit. Die Herbstfarben sind mild und zugleich bunt. So will der Herbst auch in uns eine milde Stimmung erzeugen. Wenn die Herbstsonne die Landschaft in ein mildes Licht taucht, dann sollten auch wir uns mit einem milden Blick anschauen, ohne uns zu bewerten. Alles in uns wird in dieses milde Licht getaucht, auch das, was wir an uns oft nicht so schön finden. Der Herbst verwandelt alles.

Es ist aber auch die Zeit des Loslassens. Wenn die Blätter von den Bäumen fallen, erinnern sie uns daran, dass wir uns nicht erst im Alter loslassen sollen. Vielmehr ist unser ganzes Leben davon geprägt. Wir müssen die Kindheit loslassen, die Jugend, die Blüte des Erwachsenseins. Wir müssen alte Bindungen und Beziehungen loslassen, um uns ganz dem gegenwärtigen Leben zu widmen. Der Herbst hat zwei Seiten. Bis Ende Oktober überwiegen meist die schönen Tage. Wir sprechen vom goldenen Oktober, der alles in einem goldenen Licht erscheinen lässt. Ab November erleben wir die Natur anders. Da ist es häufig neblig, die Bäume sind kahl. Es wird regnerisch und kalt.

Das Fest der drei Erzengel Michael, Gabriel und Raphael am 29. September sowie das Schutzengelfest am 2. Oktober fallen in die erste Zeit des Herbstes, in der das Wetter oft noch recht warm und schön ist, auch wenn es im Schatten und am Abend schon empfindlich kühl werden kann. Engel als himmlische

Boten sind heute wieder beliebt. Auch in der christlichen Tradition haben sie immer eine wesentliche Rolle gespielt. Sie berühren die Menschen, weil sie die heilende Nähe der Engel oft eher erfahren können als Gott selbst, der für viele weit weg erscheint. Wenn wir die biblischen Engelgeschichten anschauen, erleben wir darin einen Gott, der sich um uns kümmert, der seinen Engel gerade in Situation hineinschickt, in denen Menschen sich einsam, hilflos, ohnmächtig, müde, ausgelaugt fühlen. Das Bild der Engel zeigt uns einen menschenfreundlichen Gott, der uns nahekommt, für uns erfahrbar wird, etwa wenn uns ein Schutzengel vor einem Unfall bewahrt. Die Theologie sagt, dass Engel geschaffene geistige Wesen sind und personale Mächte, also keine Personen, sondern Mächte, die unser Personsein schützen. Engel sind erfahrbar. Sie können durch einen inneren Impuls zu mir sprechen. Sie senden mich zu dem Menschen, der gerade meine Hilfe braucht. Umgekehrt kann ich einen anderen Menschen als Engel erfahren, wenn er mir gerade im richtigen Moment begegnet und mich anspricht. Aber auch ein Wort, das ich in einem Buch lese, kann zu einem Engel werden, der mich begleitet.

Die Engelfeste am Beginn des Herbstes laden uns ein, uns über unsere Erfahrungen mit Engeln Gedanken zu machen oder im Freundeskreis oder der Familie darüber auszutauschen. Wir können uns erzählen, wann oder in welcher Situation wir schon einmal einen Schutzengel erfahren haben. Sobald wir den Mut finden, darüber zu sprechen, werden wir staunen, wie viel andere über ihre eigenen Erfahrungen zu berichten haben. Engel sind keine Wesen, die nur vor langer Zeit einmal existiert haben oder nur noch in den Geschichten der Bibel lebendig sind. Sie begegnen uns heute noch. Und in ihnen öffnet sich für einen Augenblick der Himmel. Wir haben das Gefühl, dass da jemand für uns sorgt, dass wir Gott wichtig sind, dass er uns nicht alleinlässt. Natürlich kann man sich auch fragen: Wo war der Schutzengel, als der Freund mit dem Motorrad tödlich verunglückte? Der Schutzengel ist keine Garantie, dass wir vor allem Unglück bewahrt bleiben. Aber wir dürfen darauf vertrauen, dass wir nicht ohne Schutz sind. Der innerste Personkern ist immer geschützt.

Ich habe oft gestaunt, dass Menschen auf einmal von ihren spirituellen Erfahrungen mit Engeln erzählen konnten, als einer in der Gruppe damit anfing. Wir können unsere Engelerfahrungen nicht beweisen, weil uns darin immer auch etwas berührt, das wir nicht festhalten, über das wir nicht verfügen können. Ich erlebe, dass das Sprechen über die Engel in vielen oft eine Spiritualität erkennen lässt, die man gar nicht vermutet hätte, weil sie uns als nüchterne und rationale Menschen erscheinen. Die Einladung, über die Engelerfahrungen zu sprechen, ist daher auch eine Ermächtigung, dem eigenen Glauben zu trauen.

Wir könnten an diesem Tag beispielsweise eine Kirche besuchen, in der Engel dargestellt sind. Fündig wird man da vor allem in Barockkirchen, in denen häufig Kinderengel die Wände schmücken. Sie wollen uns sagen, dass wir uns leichter nehmen sollen. Sie bringen etwas Spielerisches und Fröhliches in unser Leben. Wir können aber auch vor jeder Fahrt mit dem Fahrrad oder dem Auto unseren Schutzengel um seine Begleitung bitten. Dann werden wir achtsamer beim Fahren sein.

Ein Ritual am Fest der heiligen Engel könnte auch sein, eine Engelkarte zu gestalten oder zu ziehen. Ich habe in einem meiner Bücher einhundert Tugenden jeweils mit dem Bild eines Engels verbunden: der Engel der Gelassenheit, der Engel der Zuversicht, der Engel der Achtsamkeit, der Engel der Liebe. In manchen Kursen habe ich einige Engel auf verschiedene Karten geschrieben. Die Teilnehmer konnten sich dann eine Karte ziehen. Es war erstaunlich, dass viele das Gefühl hatten, genau den Engel gezogen zu haben, den sie gerade am nötigsten hatten. Natürlich gibt es nicht diese einhundert Engel. Sie sind hier vielmehr ein Bild, dass ich mir diese Haltung nicht aus eigener Kraft aneignen muss, sondern dass ein Engel mich in die Gelassenheit, in die Achtsamkeit, in das Vertrauen, in die Hoffnung hineinführt. Dann kann man in den folgenden Wochen beobachten, wo dieser Engel einem neue Möglichkeiten und Fähigkeiten erschließt.

Meine Rituale

. . . .

. . . .

. . . .

. . . .

. . . .

. . . .

Erntedank

An Erntedank schauen wir bewusst in die Natur und danken Gott für alles, was auf den Feldern, an den Bäumen, in der Erde gewachsen ist. Wir danken aber auch für die Menschen, die dafür gesorgt und häufig schwer gearbeitet haben, dass wir die Früchte der Erde genießen können. Zudem geht es an diesem Fest darum, für die Ernte zu danken, die wir bisher in unserem Leben eingefahren haben.

So sind wir eingeladen, darüber nachzudenken: Was habe ich bisher schon geerntet in meinem Leben? Was ist in mir gewachsen? Welche Früchte hat mein Leben gebracht, für mich und für andere? An diesem Tag können wir bewusst durch die Brille der Dankbarkeit auf unser Leben schauen. Dann fällt uns vieles ein, für das wir dankbar sind: Freunde, Familie, Gesundheit, Arbeit, für alles, was uns gelungen ist. In unserer Lebensgeschichte werden wir sicher vieles entdecken. Gleichzeitig versuchen wir, dankbar für diesen Augenblick zu sein, für unser Leben, das wir jetzt leben.

Das Danken öffnet uns den Blick für das, was uns trägt. Es verwandelt unsere Gefühle. Einer der bekanntesten spirituellen Autoren unserer Zeit, Br. David Steindl-Rast, sagt immer: »Ich bin nicht dankbar, weil ich glücklich bin, sondern ich bin glücklich, weil ich dankbar bin.«

Meine Rituale

Allerheiligen und Allerseelen

Jeder von uns trägt einen Namen. Als Vornamen haben wir von unseren Eltern oft den Namen eines Heiligen bekommen. Das Fest Allerheiligen am 1. November lädt uns dazu ein, darüber nachzudenken. Es ist hilfreich, etwas über das Leben unseres Namenspatrons zu lesen oder auch nachzuforschen, was der Name von der Wortwurzel her bedeutet.

Dann können wir uns fragen: Wenn ich die Bedeutung meines Namens oder das Wesen meines Namenspatrons bedenke, entdecke ich dann in mir etwas davon? Trage ich diesen Namen nur zufällig? Oder deckt mir der Name etwas an mir auf, das ich oft übersehen habe? Wenn Sie sich selbst auf dem Hintergrund Ihres Namens betrachten, werden Sie viele Fähigkeiten und Eigenschaften entdecken, die Ihnen bisher verborgen waren.

Wenn Ihr Vorname von einem Heiligen oder einer Heiligen übernommen ist, werden Sie vielleicht erkennen, dass Sie durchaus Eigenschaften in sich tragen, die diese gelebt haben. Sie müssen Ihren Namenspatron nicht kopieren. Aber er oder sie möchte Sie an die Möglichkeiten erinnern, die in Ihnen stecken. Er oder sie lädt Sie ein, einen optimistischen Blick auf sich selbst zu werfen. Sie sind dann nicht mehr fixiert auf Ihre Fehler und Schwächen. Sie vertrauen dem, was der Namenspatron in Ihnen wachruft. Sie können sich auch im Freundeskreis oder in der Familie erzählen, was Ihnen zu Ihrem eigenen Namen einfällt und was Ihnen der Name Ihres Freundes oder Ihrer Schwester über diese offenbart.

Das Fest Allerheiligen bedeutet jedoch noch etwas anderes: Wir müssen unser Leben nicht allein bewältigen. Wir haben teil an einer Gemeinschaft von Menschen, deren Leben gelungen ist und die nun bei Gott sind. Die Heiligen stärken unsere Hoffnung, dass auch unser Leben gelingt. Wir können sie darum bitten, uns auf unserem Weg zu begleiten.

Zudem weist uns das Fest auf einen Aspekt unseres Selbstbildes hin: Wir alle sind Menschen, die in sich etwas Heiliges tragen. Der deutsche Soziologe Max Weber sprach von der »Entzauberung der Welt« durch die Säkularisierung. Das hat auch den Menschen entzaubert. Er galt nur noch als Leistungsträger. Dagegen protestierte der Soziologe Hans Joas und setzte dem den Begriff der Sakralisierung entgegen. Er meint, dass in der Welt etwas Heiliges ist, das sie übersteigt, das uns fasziniert und auf eine andere Ebene hebt.

Dieses Heilige ist auch in uns. In den Heiligen, die wir verehren, sehen wir, wie Gott Menschen verzaubert hat, indem sein heiliger Geist sie durchdrungen und verwandelt hat. In den Heiligen erkennen wir aber auch, dass in uns etwas ist, das uns verzaubert, das Heilige, über das die Welt nicht verfügen kann. Es gibt uns unsere wahre Würde und kann nicht verzweckt werden. Es macht uns innerlich frei und es schenkt uns Geborgenheit und Schutz. Das meint das deutsche Wort »Hag«, das vom griechischen *hagios*, heilig, abgeleitet ist. Das Heilige in uns ist ein Hag, in den der Lärm der Welt, aber auch die negativen Emotionen um uns herum nicht eindringen können.

Am Nachmittag von Allerheiligen findet in vielen katholischen Gemeinden die traditionelle Gräbersegnung statt. Man geht auf den Friedhof zu den Gräbern der Verwandten und Freunde. Die Verstorbenen sind nicht vergessen. Sie gehören zu unserem Leben dazu. Danach ist es in vielen Familien üblich, gemeinsam Kaffee zu trinken. Das ist ein gutes Ritual. Aber man sollte bei dieser Gelegenheit auch die Chance nutzen, um bewusst über die Verstorbenen zu sprechen: Was haben sie mit ihrem Leben ausgedrückt? Woraus haben sie gelebt? Was haben wir von ihnen gelernt?

Wir sollten darüber nachdenken, dass die Verstorbenen unsere Wurzeln sind, aus denen wir leben. Das Gespräch über die Verstorbenen wird daher auch uns Lebende auf neue Weise verbinden. Wir spüren, dass wir gemeinsame Wurzeln haben, auch wenn wir zum Beispiel die verstorbenen Eltern ganz anders erlebt haben als unsere Geschwister. Es geht nicht darum, die Verstorbenen zu verherrlichen, aber doch darum, davon zu erzählen, was wir ihnen verdanken. Vielleicht können wir im Erzählen auch die Verletzungen durch die Verstorbenen in einem anderen Licht sehen, sodass sie uns nicht mehr schmerzen, sondern wir sie als Wunden erleben, die uns aufgebrochen haben, dass wir wirklich unseren eigenen Weg gehen können.

Meine Rituale

Sankt Martin

Eine der beliebtesten Heiligengestalten ist Martin. Kinder lieben dieses Fest am 11. November und tragen ihre Laternen beim Umzug durch die Straßen. Sie sind von Martin fasziniert – vor allem natürlich, weil er seinen Soldatenmantel mit seinem Schwert teilt und die Hälfte dem Bettler in Lumpen gibt, damit er sich wärmen kann. Martin ist aber auch von Europapolitikern neu entdeckt worden, denn mit seiner Lebensgeschichte verkörpert er die europäische Idee und ist daher durchaus eine moderne Gestalt: Er stammte aus Ungarn, war Soldat in Mailand, Worms und Amiens, wurde dann später Bischof von Tours und ist dort mit 84 Jahren im Jahr 397 n. Chr. gestorben, von allen Menschen Galliens hochgeschätzt und seither einer der am meisten verehrten Heiligen des Abendlandes.

Martin – so erzählt seine Lebensbeschreibung – hatte die Fähigkeit, zerstrittene Gruppierungen in der Kirche und im fränkischen Reich miteinander zu versöhnen. Er konnte dies, weil er seine Liebe mit allen teilte, weil er seine Zuwendung allen mitteilte. So lädt uns Martin an seinem Fest ein, uns zu überlegen: Was möchte ich heute mit einem anderen Menschen teilen? Möchte ich einen Augenblick meiner Zeit mit jemandem teilen, der mich zufällig in der Straßenbahn anspricht, indem ich mich ihm ganz zuwende? Oder möchte ich heute jemanden anrufen, um meine Zeit mit ihm zu teilen? Vielleicht gehe ich auch meine Schränke einmal durch und überlege, was ich anderen davon abgeben könnte.

Teilen schafft Verbindung. Indem ich Zeit oder etwas von meinem Besitz mit anderen teile, erfahre ich ein Miteinander. Und oft genug werde ich durch das Teilen selbst beschenkt. So hat es Martin erfahren, als er nach dem spontanen Akt, seinen Soldatenmantel zu teilen und dem frierenden Bettler eine Hälfte zu schenken, in der Nacht davon geträumt hat, dass ihm in dem Bettler Christus selbst begegnet ist. Das Teilen hat Martin auf eine andere Spur gebracht, eine Spur, die sein Leben verwandelt hat, sodass er für viele Menschen zum Segen geworden ist.

Meine Rituale

. . . .

. . . .

. . . .

. . . .

. . . .

. . . .

. . . .

. . . .

Die Heiligen als Modelle gelingenden Lebens neu entdecken

In unserer heutigen Gesellschaft spüre ich immer wieder die Sehnsucht nach Vorbildern. Viele leiden darunter, dass es so wenige Menschen gibt, die ein Hoffnungszeichen sein können. Stattdessen findet man häufig Idole, die angebetet oder verehrt werden und denen man blind folgt. Die Faszination für Idole ist oft Ausdruck ungelebten Lebens: All das, was man selbst nicht sein kann, projiziert man in andere, Berühmtere hinein. Doch das führt nicht zum Leben, sondern lässt uns oft frustriert zurück.

Inzwischen haben manche Bewegungen die Heiligen der Kirche neu entdeckt. Die ökologische Bewegung ist fasziniert von Franziskus von Assisi, der sich schon zu seinen Lebzeiten für die Bewahrung der Schöpfung eingesetzt hat und in vielerlei Hinsicht zum Friedensstifter wurde. Die Frauenbewegung ist fasziniert von der heiligen Hildegard von Bingen, die sich dem Bischof von Mainz widersetzt hat und dem Klerus ihrer Zeit die Leviten gelesen hat, oder von der heiligen Teresa von Ávila, die sich in einer reinen Männerkirche nicht davon abhalten ließ, ihrer weiblichen Weisheit zu trauen. Die Frauen, die ein Amt in der Kirche anstreben – als Diakoninnen oder Priesterinnen – haben die heilige Lydia für sich entdeckt, die in der frühen Kirche eine

Hauskirche leitete, oder die heilige Barbara, die von der Kunst oft als Priesterin mit einem grünen Messgewand dargestellt wird, wie sie den Mitgefangenen die Kommunion reicht.

Wenn wir eine Kirche besuchen, sehen wir dort häufig viele Heiligendarstellungen. Sie haben meist eigene Symbole, die ihnen aufgrund ihrer Lebensgeschichte zugeordnet wurden. Die meisten können diese Symbole nicht mehr »lesen«. Wenn wir die Heiligen und ihre Darstellungen jedoch genauer anschauen, entdecken wir darin Modelle gelingenden Lebens. Sie zeigen uns, wie wir mit unserer Lebensgeschichte umgehen und wie unsere Verletzungen heilen können. Ich möchte nur einige Beispiele nennen, um die Leser und Leserinnen neugierig zu machen.

Da ist einmal der heilige Georg, der den Drachen tötet, und die heilige Margarete, die den Drachen zähmt und ihn an einem kleinen Halsband gleichsam herumführt. Nach C. G. Jung symbolisieren sie zwei wichtige Wege für unsere Selbstwerdung: Margarete steht für die Integration des Schattens. Die Drachenseiten in uns, unsere Aggressionen, das Zerstörerische, unser inneres Chaos, wird integriert in unser Leben. Wir werden ganz. Manchmal wird Margarete dargestellt, wie sie auf dem Drachen reitet. Der Schatten ist also eine Quelle neuer Lebensmöglichkeiten. Nach C. G. Jung gibt es jedoch auch dämonische Seiten in uns, die wir nicht integrieren können. Dafür steht Georg: Er tötet den Drachen. In diesen beiden Heiligen steckt sehr viel Weisheit. Beide zeigen uns berechtigte Wege der Selbstwerdung. Keiner davon ist für sich allein ausreichend. Es braucht immer auch den anderen Weg, damit wir in guter Weise in die Gestalt hineinwachsen, die Gott uns zugedacht hat.

Ein in Süddeutschland sehr beliebter Heiliger ist der »Schlampertoni«. Gemeint ist der heilige Antonius von Padua. Er wird um Hilfe angerufen, wenn man etwas verlegt oder verloren hat. Ich kenne einige durch und durch rationale Menschen, die zum Schlampertoni beten, wenn sie etwas nicht finden. Und sie erzählen, dass es meistens hilft. Das kann man durchaus psychologisch erklären: Je mehr ich darüber grüble, wo ich den Schlüssel hingelegt habe, desto weniger werde ich ihn finden. Wenn ich jedoch an den Schlampertoni denke, wird mein Geist wacher, und auf einmal fällt mir ein, wo ich ihn finden werde.

Beliebt ist auch der heilige Valentin, der als Patron der Liebenden gilt. An seinem Namenstag schenken sich Paare und Verliebte gegenseitig Blumensträuße und andere kleine Aufmerksamkeiten.

Dann gibt es Heilige, die uns bei bestimmten Krankheiten helfen können. Dabei sind es nicht die Heiligen, die unsere Wunden heilen, sondern Gott. Aber im Heiligen wird ein Bild deutlich, wie die Heilung gelingen kann. Dazu gibt es die sogenannten vierzehn Nothelfer in der katholischen Kirche. Es sind Heilige, die seit dem frühen Mittelalter verehrt wurden. In ihnen werden vierzehn Nöte oder Wunden und zugleich deren Verwandlung und Heilung symbolisch dargestellt. Die Zahl vierzehn ist dabei seit über viertausend Jahren ein Symbol für Heilung.

In der berühmten Kirche Vierzehnheiligen bei Bamberg – von Balthasar Neumann erbaut – sind es folgende Heilige, die jeweils für eine bestimmte Not und ihre Verwandlung stehen: Achatius meint die Überwindung der Todesangst, Erasmus zeigt, wie wir mit unseren Aggressionen umgehen, Blasius steht für die Heilung von Halskrankheiten. Der Hals ist oft ein Bild dafür, dass Angst unsere Kehle zuschnürt oder dass wir zu viel heruntergeschluckt haben und daher ein Kloß in unserem Hals stecken bleibt. Am Fest des Blasius (3. Februar) wird daher der Blasiussegen erteilt: Der Priester hält zwei gekreuzte Kerzen vor den Hals der Gläubigen und betet um Heilung aller Halsbeschwerden. Aegidius wird bei Allergien angerufen. Christophorus ist der Schwellenheilige, der uns in Übergängen und neuen Lebensabschnitten begleitet und über die Schwelle trägt. Eustachius ist ein Bild für gelingende Beziehungen. Georg tötet in uns den Schatten, den wir nicht integrieren können. Dionysius steht für die Überwindung von Kopfweh, Cyriakus für die Heilung von Zwangserkrankungen. Katharina, die die Philosophen mit ihrer Weisheit besiegt hat, wird mit dem zerbrochenen Rad dargestellt, denn das Rad, mit dem man sie zu Tode foltern wollte, zerbarst. Sie steht also dafür, dass das Rad des Schicksals zerbricht, dass wir in Freiheit unseren Weg gehen können. Margarete ist ein Symbol für die Integration des Schattens. Barbara ist die Priesterin, die im Gefängnis den Mitgefangenen die Kommunion reicht. Sie ist ein Bild für eine Frau, die sich von den Erwartungen der anderen befreit und in Freiheit ihren eigenen Weg geht. Pantaleon zeigt einen Weg, wie wir neue Kraft erlangen, und Vitus macht deutlich, wie neues Leben in uns aufblühen kann. Die Künstler, die diesen Altar geschaffen haben, setzten die Heiligenlegenden so um, dass wir in jedem Heiligen einen Weg der Heilung für unsere Wunden erkennen können. Dabei ist es immer Gott, der heilt. Doch in den Darstellungen der Heiligen wird sichtbar, wie diese Heilung durch Gott an uns selbst konkret geschehen kann.

Ich möchte hier nur einen der Nothelfer herausgreifen und etwas genauer anschauen: Dionysius wurde enthauptet. Der Legende nach nahm er den abgetrennten Kopf in die Hand und suchte sich selbst aus, wo er begraben werden wollte. Daher ist er der Patron gegen Kopfweh. Man kann der Ansicht sein, das sei sehr oberflächlich gedacht. Doch die Kunst stellt ihn so dar, dass er den Kopf an sein Herz hält, und das ist durchaus eine Einladung an uns alle, Kopf und Herz miteinander zu verbinden. In unserem Beruf sind wir oft sehr kopflastig. So tut es uns gut, Kopf und Herz miteinander zu verbinden. Und wenn wir Kopfweh haben, kann uns Dionysius dazu einladen, den Kopf ans Herz zu halten, mehr mit dem Herzen zu denken, als uns mit Grübeln den Kopf zu zerbrechen.

Wenn wir uns mit den Heiligen beschäftigen, sollten wir sie nicht auf einen Sockel heben und ein schlechtes Gewissen haben, dass wir selbst nicht so perfekt, so weise, so fromm, so gut sind wie sie. Die Heiligen sind keine perfekten Menschen. Sie waren genau wie wir der Versuchung und Anfechtung ausgesetzt. Aber an ihrem Leben können wir einen Weg menschlicher Selbstwerdung entdecken. An ihnen wird der Weg der Verwandlung durch den Geist Jesu für uns jeweils auf eine neue und einmalige Weise konkret. So geben sie uns Hoffnung, dass auch unser Weg der Selbstwerdung, der Ganzwerdung, der Heilwerdung, der Heiligung gelingen wird. Wenn wir die Heiligen betrachten, wird Gott für uns menschlich. Er wirkt an ihnen. So trauen wir Gott zu, dass er auch an uns das Wunder der Selbstwerdung wirkt.

Vernetzung des Glaubens

Bisher haben wir vor allem persönliche Wege angeschaut, wie wir unseren Glauben ausdrücken können. Manche Rituale, die ich beschrieben habe, verbinden Menschen miteinander. Aber darüber hinaus gibt es das Bedürfnis, den Glauben auch dadurch zu vernetzen, dass wir gemeinsame Formen finden, ihn auszudrücken. Die Gottesdienste der Kirche sind solche gemeinsamen Formen. Doch viele fühlen sich davon heute nicht mehr angesprochen. Daher ist es gut, sich auf die Suche nach neuen Formen zu machen. Sie müssen nicht von der offiziellen Kirche gefunden werden, sondern können auch von Gruppen entwickelt werden, von Freundes- oder Frauenkreisen oder Nachbarschaftsinitiativen.

Was daraus entsteht, erinnert an die frühe Kirche, in der es zunächst kaum offizielle Liturgie gab. Vielmehr hat man in den Häusern derer, die zum christlichen Glauben gefunden hatten, miteinander gebetet und Eucharistie gefeiert.

Exkurs

Die Hauskirche in der frühchristlichen Zeit

In der frühen Kirche war der Glaube vor allem in den Hausgemeinden lebendig. Sie waren nicht auf die Familie beschränkt. Vielmehr trafen sich meistens in Häusern wohlhabenderer Christen die Gläubigen, die aus ärmeren Schichten stammten. Dort tauschten sie sich aus über die Botschaft Jesu und brachen das Brot miteinander. Sie feierten also Eucharistie. Dabei leitete der Hausvorstand auch das Brotbrechen. Oft waren es begüterte Frauen, die der Eucharistie vorstanden, etwa die Purpurhändlerin Lydia oder Phoebe und Nympha. Das Ehepaar Aquila und Prisca hatte eine Werkstatt als Zeltmacher und stellte den Christen seine Wohnung für die Versammlungen zur Verfügung. In jeder Stadt gab es einige Hausgemeinden.

Wie diese Hausgemeinden lebten, können wir aus der Beschreibung der Urgemeinde in Jerusalem im Lukasevangelium erahnen: »Tag für Tag verharrten sie einmütig im Tempel, brachen in ihren Häusern das Brot und hielten miteinander Mahl in Freude und Einfalt des Herzens« (Apostelgeschichte 2,46). Der Exeget Hans-Josef Klauck beschreibt diese Hausgemeinden so: »So sah es nach Lukas in diesen vorbildlichen Hausgemeinden des Anfangs aus: täglich Lehre und Herrenmahl« (Klauck 50).

Lehre meint dabei nicht Wissensvermittlung, sondern Gespräch über die Worte Jesu, um immer mehr in seine Haltung hineinzuwachsen und seinen Geist in die Welt hinauszutragen. Im Austausch über die Botschaft Jesu lernten die frühen Christen eine neue Lebensweise. Von dieser strahlt offensichtlich etwas auf die Menschen aus. Denn Lukas sagt von den ersten Christen: »Sie lobten Gott und waren beim ganzen Volk beliebt« (Apostelgeschichte 2,47).

Die christliche Hausgemeinde hatte ihr Vorbild wohl in der jüdischen Hausgemeinde. Zudem waren viele Christen Juden gewesen. Der Glaube wurde dort vor allem in den Häusern praktiziert und hat daher auch schwierige Zeiten der Verfolgung überdauert. Das kann man ebenfalls von den christlichen Hauskirchen sagen, die sich vor allem durch ihren Geist der Brüderlichkeit auszeichneten. Wir können diese frühchristlichen Hausgemeinden nicht kopieren. Doch gerade in Krisenzeiten sollten wir uns an den Anfang erinnern. Klauck folgert aus seinen Überlegungen zur frühchristlichen Hauskirche: »Erst die heutige Krise des Christentums fördert die Rückbesinnung auf jene äußerlich unscheinbare Gemeindeform, die sich auch unter härtesten Bedingungen als lebensfähig erweist und innere Aneignung des Glaubens statt nomineller Zugehörigkeit erfordert« (Klauck 101).

* * *

Das Bedürfnis, sich im Glauben zu vernetzen, erleben wir heute sehr deutlich, wenn es um tragische Ereignisse wie etwa einen Flugzeugabsturz, ein Zugunglück oder einen Terrorakt geht. Dann strömen Menschen spontan in den Kirchen zusammen, beten und schweigen miteinander oder zünden Kerzen an. Oder sie verwandeln den Ort des Grauens in einen Ort der Hoffnung, indem sie Kerzen anzünden und Bilder aufstellen und gerade am Ort des tragischen Geschehens miteinander beten oder Rituale gestalten.

Auch die Trauer um verstorbene Freunde und Verwandte führt die Menschen oft zusammen. Mir erzählte ein junger Mann, dass sein Freund sich von einer Brücke zu Tode stürzte. Die Freunde, die nicht unbedingt religiös sind, versammeln sich jedes Jahr am Todestag des Freundes, um seiner zu gedenken. Sie zünden eine Kerze an. Und auch, wenn sie sich schwer tun zu beten, haben sie das Bedürfnis, gemeinsam das Vaterunser zu beten. Auf der einen Seite möchten sie ihre eigene Form des Rituals finden, auf der anderen Seite brauchen sie die Anlehnung an vertraute Gebetsformen. Mich hat seine Erzählung gefreut. Ich könnte mir vorstellen, dass gerade junge Menschen für sich Formen finden, den Tod eines Freundes oder einer Freundin, die durch einen Unfall oder durch Suizid gestorben sind, zu betrauern. Der Todestag könnte die Freunde zusammenführen. Das Ritual, das dann die Gruppe für sich entwickelt, hilft ihnen, das Andenken wachzuhalten und die Trauer zu verwandeln. Das Ritual hat die Kraft, die Trauer von einer lähmenden in eine lebensfördernde Trauer umzuformen. Diese ist dann Ausdruck einer Liebe, die auch im Tod nicht endet. Ein rein intellektueller Umgang mit der Trauer hilft dagegen nicht weiter.

Bestimmte Tage im Jahreskreis könnten dazu einladen, sich im Glauben zu vernetzen und gemeinsame Rituale zu feiern. So spüre ich zum Beispiel das Bedürfnis, den Valentinstag nicht nur mit gegenseitigen Geschenken zu feiern, sondern auch mit einem gemeinsamen Ritual.

Andere haben das Bedürfnis, den Mai auf besondere Weise zu beginnen. In vielen Orten feiert man eine Maiandacht. Da muss kein Priester anwesend sein. Manche organisieren eine Maiandacht im Freien. Da werden durchaus auch die Herzen von sonst eher rational geprägten Menschen berührt. Andere wandern am 1. Mai oder an anderen Maitagen zu einer Marienkapelle in der Nähe ihres Wohnsitzes und setzen sich entweder still in die Kapelle oder sie schmücken diese mit Blumen, die sie unterwegs gepflückt haben, oder sie zünden eine Kerze an und beten in einem bestimmten Anliegen.

In den Alpen und anderen bergigen Regionen ist der Tag der Sonnenwende Anlass, Feuer auf bestimmten Gipfeln anzuzünden. So ein Ritual kostet Zeit und Kraft. Aber für die Menschen ist es wichtig, diese Tage nicht einfach vorübergehen zu lassen. Die Idee dahinter: Das Feuer, das man auf dem Gipfel anzündet, soll niemals ausgehen, weder am häuslichen Herd noch in den Herzen der Menschen.

Ich erlebe, dass gerade Frauen ein gutes Gespür für Rituale haben. Sie sind kreativ, um dazu neue Ideen zu entwickeln. In nicht kirchlichen spirituellen Kreisen kann man beobachten, dass sich neue Feste und neue Rituale im Jahreskreis herausbilden. Statt sie aus christlicher Sicht heraus zu verurteilen, könnten sie eine Herausforderung sein, aus den eigenen Wurzeln heraus neue Formen von gemeinsamen Ritualen oder Gottesdiensten zu entwickeln. In solchen Gottesdiensten können Männer und Frauen ihren Glauben auf ihre persönliche Weise ausdrücken. Zugleich fühlen sie sich getragen von der Gemeinschaft von Gleichgesinnten. An diesen Gottesdiensten nehmen nur Menschen teil, die wirklich Interesse daran haben. Sie haben daher keinen Pflichtcharakter. Alle werden dazu eingeladen. Und wer der Einladung folgt, ist herzlich willkommen.

Ich möchte nur zwei Formen solcher Gottesdienste beschreiben. Da gibt es einmal die Möglichkeit, zu bestimmten Gelegenheiten zu einem Segensgottesdienst einzuladen, zum Beispiel, wenn jemand eine größere Reise unternimmt oder für längere Zeit zum Studium oder zu einem Arbeitseinsatz ins Ausland geht, oder vor Schulbeginn. Auch der Krankenhausaufenthalt eines Freundes/einer Freundin könnte Anlass sein, ein Segensritual mit der Familie und Freunden zu feiern. Es könnte so aussehen, dass jeder der Anwesenden dem oder den Reisenden (dem Schüler oder Lehrer, dem oder der Kranken) die Hände auflegt und entweder schweigend oder laut seinen Segen zuspricht. Eine andere Form der Segnung ist die Salbung der Hände: Man nimmt ein wohlriechendes Öl oder einen Balsam, zeichnet dem anderen ein Kreuz in beide Hände und spricht dabei einen Segenswunsch. Gerade das Salbungsritual berührt viele Menschen, denn dabei wird nicht nur der Hörsinn, sondern auch der Tastsinn und der Geruchssinn angesprochen. So geht das Ritual tiefer, als wenn man nur ein Gebet spricht.

Wenn ich ein Führungsseminar halte, lade ich die Teilnehmer manchmal am Schluss des Kurses dazu ein, sich zuerst im Kreis aufzustellen und die Hände in Form der Schale vor sich hinzuhalten. Dann überlegen wir, was wir alles schon in die Hand genommen und was unsere Hände schon gestaltet haben. Wir fragen uns, wonach sich unsere Hände sehnen, was sie gerne empfangen möchten. Dann lade ich die Menschen ein, aufeinander zuzugehen. Ein Teilnehmer zeichnet dann einem anderen ein Kreuz in seine Hände und spricht dazu einen Segenswunsch oder einfach Worte, die er dem anderen zusagen möchte. Dann vollzieht der Gesegnete das Gleiche am anderen. Anschließend fassen sich beide an den Händen und verneigen sich voreinander. Jeder sucht sich weitere drei oder vier Teilnehmer, bei denen er dieses Ritual gerne vollziehen möchte. Häufig entsteht daraus auf einmal eine Atmosphäre von Nähe. Und selbst Menschen, die mit Religion wenig zu tun haben, lassen sich auf dieses Segensritual ein.

Ich habe auch bei einer silbernen Hochzeitsfeier und zu einer Feier des 50. Geburtstags eines Freundes zu diesem Ritual eingeladen. Nach anfänglichem Zögern sind die Gäste gerne aufeinander zugegangen – natürlich vor allem auf das Geburtstagskind beziehungsweise auf die Jubilare – und haben in sehr persönlichen Worten ihre Wünsche mit diesem einfachen Zeichen des Kreuzes verbunden. Es braucht etwas Mut, dazu einzuladen. Aber wenn sich die Menschen darauf einlassen, sind alle dankbar. Es entsteht eine herzliche und tiefe Gemeinschaft.

Ich möchte vor allem auch Frauen ermutigen, ihre eigenen Formen von Liturgie zu entwickeln. Wenn die Pfarrei nicht das anbietet, was ihrem Glaubensgefühl entspricht, sollten sie selbst aktiv werden und kreative Formen entwickeln, die für sie stimmen. Für viele Frauen ist Kommunikation miteinander sehr wichtig. Gottesdienste bieten Gelegenheit zum Austausch, sodass die Teilnehmer nicht nur konsumieren, sondern sich aktiv einlassen. Sie werden eingeladen, über Fragen zu sprechen, die man ihnen anbietet. Die aktive Beteiligung könnte auch durch ein kleines Ritual unterstützt werden, bei dem zum Beispiel jeder oder jede eine Kerze anzündet und das Anliegen laut vorträgt, das er oder sie mit der brennenden Kerze verbindet.

Eine weitere Möglichkeit, den Glauben sinnlich und gleichsam mit den Füßen auszudrücken, sind meditative Tänze. Religionswissenschaftler sagen, dass Rituale ursprünglich getanzte Träume sind. Man hat also das ausgetanzt, was man im Traum gesehen hat. Liturgische Tänze können das Geheimnis eines Festes in die Bewegung bringen. Seit jeher war der Tanz Ausdruck unserer unendlichen Sehnsucht. Der jüdische Philosoph Ernst Bloch schreibt dazu: »Der Tanz war stets die erste und leibhaftigste Form, auszufahren. An einen anderen Ort als den gewohnten, wo man sich als Gewohnter befindet.« Der Tanz verzaubert den Menschen. Er führt ihn in eine andere Welt, in die Welt der Leichtigkeit und Freiheit. Er schreitet, wie Bloch meint, »den Wunsch nach schöner bewegtem Sein aus, fasst es ins Auge, Ohr, den ganzen Leib und so, als wäre es schon jetzt«. So können wir gerade im gemeinsamen Tanz etwas vom Geheimnis unseres Glaubens erfahren, der uns ebenfalls in eine jenseitige Welt führen möchte, um das rein Diesseitige zu relativieren. Glaube ist ein Weg in die Freiheit. Im Tanzen kann man etwas von dieser Freiheit erfahren.

Es liegt mir fern, den Frauen vorzuschreiben, was sie tun sollen. Sie sollten ihrer eigenen Intuition trauen und ihre eigenen Formen von Liturgie finden. Der Ausdruck des Glaubens in neuen Gottesdienstformen sollte nicht den Priestern vorbehalten sein.

Frauen können ihre eigenen kreativen Rituale entwickeln. Damit bringen sie neue Aspekte in die christliche Spiritualität hinein und relativieren die einseitige Fixierung der katholischen Kirche und der katholischen Liturgie auf die Männlichkeit.

Bei allen Formen, den Glauben gemeinsam auszudrücken, gilt es, auf die Sprache zu achten. Viele Christen haben den Eindruck, dass die Sprache der offiziellen Liturgie sie kaum berührt und an ihrer Erfahrungswelt vorbeigeht. Doch sobald man versucht, eine neue Sprache zu finden, die die Menschen berührt, spürt man, dass das gar nicht so einfach ist. Wir geraten leicht wieder in irgendwelche Formeln hinein. Während wir die Worte aussprechen, spüren wir, dass sie nicht stimmen. Daher braucht es große Achtsamkeit, eine Sprache zu finden, die nicht vereinnahmt, die nicht belehrt, sondern berührt, aufrichtet, die nicht moralisiert, sondern einen Horizont öffnet, in dem man sein Leben betrachten kann. Wer neue Formen des Gottesdienstes und von Ritualen wagt, spürt, dass es ein ständiges Ringen um eine Sprache ist, die von den Menschen verstanden wird und etwas in ihren Herzen in Bewegung bringt. Aber dieses Ringen hält uns auch lebendig.

All diese Formen von Gottesdiensten und Ritualen verbinden. Wir spüren, dass wir nicht allein glauben müssen, dass wir vernetzt sind darin, dass der Glaube der anderen uns trägt. Das ist für mich auch ein wichtiges Kriterium für alle neuen Formen: dass sie uns miteinander verbinden. Von Karl Jaspers stammt das Wort: »Wahr ist, was uns verbindet.« Man könnte das umformen: Stimmig sind unsere Rituale, wenn sie uns miteinander verbinden. Die Kunst besteht darin, die Frommen und weniger Frommen, die in der Kirche Beheimateten und die kirchlich Unbehausten, die Konservativen und die Liberalen, Männer und Frauen, Jung und Alt, Gebildete und Ungebildete, Arme und Reiche miteinander zu verbinden. Das ist die eigentliche Kraft des vernetzten Glaubens, dass er alle miteinander verbindet, dass sich alle getragen fühlen von einem gemeinsamen Netz, dass niemand durch die zu großen Löcher darin fällt.

Wie diese Vernetzung im Glauben heute konkret aussehen kann, ist mir bewusst geworden, als ich im Krankenhaus eine Nacht lang vor Schmerzen nicht schlafen konnte. Da fiel mir ein, was meine Nichte Helena in den letzten Monaten an Vernetzung im Glauben geschaffen hatte. Sie wollte unbedingt, dass ich auch auf Instagram sichtbar bin. Sie betreut heute meinen Account dort und gestaltet Themenwochen zu Einsamkeit, Trauer, Enttäuschung. Sie bittet bekannte Persönlichkeiten, etwas zu diesem Thema zu schreiben, und bittet die Follower, ihre Meinung dazu zu äußern. Die Menschen schreiben keine theologischen Texte, sondern sie erzählen aus ihrem Leben. Aber letztlich sind es Glaubenstexte, die zeigen, was sie bewegt und wie sie mit den Herausforderungen ihres Lebens umgehen. Da ist der Glaube immer im Hintergrund präsent. Ich selbst beantworte jede Woche Fragen, die die Follower stellen. So entsteht ein Netzwerk im Glauben, das inzwischen über 100.000 Menschen erreicht.

Als ich mit meiner Schlaflosigkeit kämpfte, spürte ich, dass ich jetzt darüber jammern könnte oder aber mich mit all den Menschen, mit denen ich vernetzt bin, verbunden fühle. Dann betrifft mein Umgang mit der Schlaflosigkeit auch meinen Glauben. Denn wie ich damit umgehe, das hat auch Auswirkungen auf die Menschen. Ich kann um mich kreisen oder mich mit den vielen Menschen verbunden fühlen. Ich hätte nie daran gedacht, mich mit meinen 76 Jahren auf diese Weise im Glauben zu vernetzen. Aber junge Leute haben da ganz neue Ideen, wie wir uns in den wesentlichen Fragen unseres Lebens – und darin besteht ja letztlich der Glaube – miteinander verbinden können.

Meine Wohnung, mein Garten, mein Balkon als Kloster vor Ort

Die Selbstermächtigung im Glauben zeigt sich für mich auch in einem neuen Gespür für meinen persönlichen Lebensraum. Mein Glaube will zuerst dort gelebt werden, wo ich wohne, wo ich die meiste Zeit verbringe. Die Corona-Krise hat uns an mönchische Seiten in unserem Leben erinnert. Benedikt spricht von der *stabilitas loci*, von der Beständigkeit, am Ort, in seiner Wohnung zu bleiben, bei sich selbst auszuhalten. Das ist für ihn nicht in erster Linie ein Akt der Askese, also eine Regel, an die es sich zu halten gilt, oder ein Verzicht, den man sich auferlegt, sondern eine spirituelle Erfahrung. Wer bei sich bleibt, bei dem kann auch Gott einkehren und Wohnung nehmen. Dieses Aushalten bei sich selbst ist am Anfang häufig hart. Denn dann werden wir mit unserer eigenen Wahrheit konfrontiert. Doch wenn wir die Wahrheit in uns nicht bewerten, sondern sie in das Licht Gottes hineinhalten, wird das Bleiben bei sich selbst zugleich zu einem Bleiben bei Gott. So verwandelt sich der Raum, in dem wir wohnen, manchmal auch zum Himmel. Das haben die Mönche oft erfahren. Sie sagen von ihrer Wohnung: *cella est coelum* – meine Zelle ist der Himmel. Dort begegne ich Gott. Und dort begegne ich meinem wahren Selbst. Die Begegnung mit dem wahren Selbst ist immer eine angenehme Begegnung.

Diese Begegnung gestalte ich mit Ritualen, die meinem Leben einen neuen Geschmack geben. Dabei gilt wieder die Idee aus der griechischen Tradition, dass wir Rituale entfalten, weil unser Leben ein Fest ist. Wir können aber auch an das Wort Ciceros denken, der den heiligen Charakter seines eigenen Hauses mit Vehemenz vertritt: »Was ist heiliger, was durch jede Religionsausübung besser gesichert als das Haus eines jeden einzelnen Bürgers? ... Dieser Zufluchtsort ist aller Welt so heilig, dass es für Frevel gilt, jemanden von dort wegzureißen« (Klauck 83). In den Ritualen bewohne ich mein Haus, meinen Garten, meinen Balkon. Sie werden zu einem heiligen Raum. Das griechische Wort für heilig ist *hagios*. Davon abgeleitet ist das deutsche Wort »behaglich«. Es behagt mir in meiner Wohnung. Es gefällt mir. Es passt für mich, dass ich dort lebe, wo ich bin – in meiner Wohnung, auf meinem Balkon, in meinem Garten.

Es wäre unsere Aufgabe, diese Orte wieder neu als spirituellen Ort zu entdecken. Eine Frau, die ein schlechtes Gewissen hatte, weil sie meinte, dass sie zu wenig betete, erzählte mir, dass sie abends oft auf ihrem Balkon sitzt und einfach in die Stadt schaut. Ich erklärte ihr, dass das doch ein gutes spirituelles Ritual sei. Sie schaut voll Wohlwollen auf die Menschen, fühlt sich mit ihnen verbunden, denkt an ihre Nöte und sendet ihnen Segen. So gibt es viele Rituale, die uns oft unbewusst sind, in denen sich aber unser Glaube ausdrückt. Ein anderer genießt seinen Garten und erlebt ihn als einen Ort des Wachsens und Blühens – ein Bild für das eigene Leben.

Klöster sind geprägt durch die Rituale, die darin geübt werden. Meine Wohnung kann auch zu einem »Kloster vor Ort« werden, wenn ich sie durch meine persönlichen Rituale gestalte. Rituale geben meiner Wohnung den Aspekt von Heimat. Ich fühle mich hier zu Hause. Denn Rituale öffnen sie auf das Geheimnis hin. Und zu Hause kann man nur sein, wo das Geheimnis wohnt.

Schlussgedanken

Die Gedanken, die ich hier zur Selbstermächtigung im Glauben niedergeschrieben habe, gründen natürlich in meinen persönlichen Glaubenserfahrungen. Ich bin in einer christlichen Familie aufgewachsen und habe mit dem Kirchenjahr gelebt. Seit 57 Jahren lebe ich im Kloster und gestalte dort meinen Alltag aus dem Glauben heraus. Aber ich möchte meine Glaubenserfahrungen anderen nicht aufdrängen. In vielen Gesprächen, gerade auch mit jüngeren Menschen, habe ich erkannt, dass die meisten ihre Art von Glauben haben und ihrem Glauben auf ihre persönliche Weise Ausdruck verleihen. So möchte ich mit meinen Gedanken die Leser und Leserinnen anregen, dem eigenen Glauben zu trauen und diesen auf ihre je eigene Weise auszudrücken.

Mich stört das Jammern über den Rückgang des Christlichen in unserer Gesellschaft. Ich spüre bei vielen Menschen eine große Offenheit für den Glauben. Doch sie können oft mit dem, was ihnen offiziell von der Kirche verkündet wird, nicht viel anfangen. Ich möchte sie ermutigen, der Weisheit ihrer Seele zu folgen. Sie weiß um etwas, das größer ist als wir selbst. C. G. Jung schreibt dazu: »Ich weiß, dass ich offenbar mit einer an sich unbekannten Größe konfrontiert bin, die ich in *consensu omnium* (= nach allgemeiner Übereinstimmung) ›Gott‹ nenne. Ich gedenke Seiner, ich rufe Ihn an, wann immer ich mich seines Namens bediene, in Zorn oder in Angst, und wann immer ich unwillkürlich sage: ›O Gott‹. Das geschieht dann, wenn ich jemandem oder etwas begegne, die stärker sind als ich. Es ist eine passende Bezeichnung für alle überwältigenden Emotionen in meinem eigenen psychischen System, Emotionen, die meinen bewussten Willen überwältigen« (Jung, Briefe III, 276).

Vielleicht helfen diese Worte dem einen oder der anderen, die zweifeln, ob sie wirklich glauben oder nicht, ihre Ahnungen von einem Geheimnis, das größer ist als sie selbst, zu trauen und sich als gläubige Menschen zu verstehen – oder zumindest als Menschen, die nach dem Glauben suchen oder sehnen. In der Sehnsucht nach Glauben ist schon Glauben. So sollten wir dem Glauben, den jeder in sich trägt – mehr oder weniger ausdrücklich – auch auf persönliche Weise Ausdruck verleihen.

Wenn wir unserem Glauben trauen, wäre es eine spannende Aufgabe, unseren eher allgemeinen Glauben mit den Antworten des christlichen Glaubens zu vergleichen. Vielleicht entdecken wir dann, dass die christlichen Antworten auf unsere Fragen der Weisheit unserer Seele entsprechen. So bekommt der von Jung etwas vage formulierte Glaube auf einmal eine konkrete Form. Niemand sollte sich aber unter Druck setzen, glauben zu müssen. Mit manchen christlichen Aussagen können viele vielleicht immer noch nichts anfangen. Wir können sie dann einfach stehen lassen, ohne sie abzutun. Vielleicht verstehen wir sie jetzt noch nicht. Oder unsere alten Vorurteile verstellen uns den Blick für diese Antworten. Aber wenn wir offen bleiben für die christlichen Lehren, werden sie sich uns irgendwann entschlüsseln und wir werden sie auf einmal als konkrete Bilder verstehen für das, was unsere Seele instinktiv schon immer wusste.

Es gibt allerdings immer ein Kriterium, ob die christlichen Lehren der Weisheit unserer Seele entsprechen: Nur dort, wo mich die christliche Botschaft in immer größere Lebendigkeit, Freiheit, Frieden und Liebe hineinführt, entspricht sie dem Geist Jesu. Es gibt innerhalb des Christentums auch »enge« Antworten, die uns Angst machen. Sie entsprechen nicht dem Geist Jesu. Ich liebe daher das Katholische. »Katholisch« meint meiner Ansicht nach eine Spiritualität, die alles umfasst und alles miteinander verbindet, was in uns an spirituellen Ahnungen und Sehnsüchten und Erfahrungen vorhanden ist. Es ist eine Spiritualität, die nicht ausschließt, sondern einschließt und einlädt. Sie stellt sich nicht über andere, sondern fühlt sich mit allen Menschen und ihren Sehnsüchten verbunden.

Neulich erzählte mir eine Ordensfrau von einer christlichen Erzieherin, die von ihren Waisenkindern, die aus schwierigen Verhältnissen stammen, gefragt wurde, ob ihre Mütter auch in den Himmel kommen. Sie antwortete: »Leider nicht. Da sie nicht an Jesus glauben, werden sie in die Hölle kommen.« Die Ordensfrau spürte aber: Das kann doch nicht die Wahrheit sein! Dieser ausschließliche Glaube, der sich über andere stellt und für sich allein die Wahrheit in Anspruch nimmt, entspricht nicht dem Geist Jesu, der sich allen Menschen zugewandt hat und der in jedem Menschen den Funken des Glaubens entdeckt und ihn durch seine Worte geweckt hat. Diesen Glauben, der schon in jedem Menschen da ist, möchte ich durch meine Gedanken stärken.

Zudem möchte ich die Menschen darin bestärken, ihre persönlichen Ausdrucksformen für ihren Glauben zu finden. Das braucht manchmal Mut. Manche befürchten, dass sie dabei zu fromm werden und die anderen abweisend reagieren, sie für rückständig und konservativ halten. Wieder andere haben Bedenken, dass ihr Glaube vielleicht magische Züge annimmt, oder sind unsicher, ob ihr Glaube wirklich dem Glauben Jesu oder der Kirche entspricht.

All diesen Zweifelnden und Zögernden möchte ich das Wort Jesu zurufen, das er dem Gelähmten am Teich von Betesda gesagt hat: »Steh auf, nimm dein Bett und geh!« (Johannes 5,8). Das heißt für mich: »Steh auf, nimm deine Zweifel und Bedenken, deine Hemmungen und Unsicherheiten über deinen Glauben unter den Arm. Lass dich nicht von deinen Gedanken lähmen, die den Glauben rational wegerklären wollen, sondern steh mitten in allen Zweifeln auf und geh den Weg deines Glaubens. Achte auch nicht auf die Kommentare von Bekannten, die deinen Glauben lächerlich machen wollen. Denn hinter der Ablehnung steht oft ein schlechtes Gewissen der Freunde, die spüren, dass sie etwas Wesentliches aus ihrem Leben ausgeschlossen haben. Daran möchten sie sich nicht so gerne erinnern lassen. Du brauchst Selbstvertrauen, wenn du wie der Gelähmte am Teich von Betesda mitten aus deiner Schwäche, mitten aus deinen Zweifeln heraus aufstehst und zu deinem Glauben stehst. Trau auch den Ritualen, mit denen du deinem Glauben Ausdruck verleihen möchtest. Denn sie geben deinem Leben einen festen Halt und einen neuen Geschmack, den Geschmack von Weite und Zuversicht, von Vertrauen und Hoffnung. Die Rituale verbinden dich auf neue Weise mit den Menschen.«

Für mich ist der Glaube nicht in erster Linie eine Forderung, das Leben zu ändern, sondern ein Weg, dem Leben einen neuen Geschmack zu verleihen, dem Leben Sinn zu geben. Zudem hat der Glaube für mich immer schon eine therapeutische Dimension. Er hilft uns, unsere Wunden zu heilen, mit unseren Ängsten und neurotischen Lebensmustern vertrauensvoll umzugehen. Und er führt zu einem intensiveren und erfüllten Leben in Freiheit, Freude und Liebe.

So wünsche ich Ihnen, liebe Leser und Leserinnen, dass Sie sich in Ihrem Glauben und in den Ausdrucksformen Ihres Glaubens auf neue Weise selbst erfahren, dass Sie sich als erlöste und befreite Menschen erleben, frei von dem Druck, sich ständig vor anderen beweisen zu müssen. Ihre persönlichen Rituale und auch die Rituale, die Sie gemeinsam vollziehen, mögen Ihnen helfen, mehr und mehr zu Ihrem wahren Selbst zu finden, zu Ihrer einmaligen Person, zu dem einmaligen Bild, das Gott sich von Ihnen gemacht hat. Wenn Sie auf diesem Weg zu Ihrem innersten Selbst finden, dann werden Sie eine neue Ausstrahlung haben, dann werden Sie zum Segen für viele Menschen werden. Und Sie werden sich verbunden fühlen mit den vielen, die mit Ihnen den Weg des Glaubens gehen. Sie werden sich zugehörig fühlen und getragen vom Glauben anderer. Sie selbst tragen mit Ihrem Glauben auch die Menschen, die sich schwertun mit dem Glauben. Sie bieten ihnen ein Netz, das sie nicht ins Bodenlose fallen lässt, sondern sie auffängt. Der persönliche Glaube trennt uns nicht von denen, die sich als »ungläubig« bezeichnen. Wir sind vielmehr gemeinsam auf dem Weg auf das Geheimnis hin, das größer ist als wir selbst. Wir unterstützen uns dabei, wir tragen einander, wir glauben auch mit denen, die sich schwertun mit ihrem Glauben. Und so vertraue und hoffe ich, dass sich durch Sie und Ihren Glauben viele gehalten und getragen wissen, die mit Ihnen den Weg durch die Ungewissheiten dieses Lebens gehen.

Literatur

Hans Gerhard Behringer, Die Heilkraft der Feste. Der Jahreskreis als Lebenshilfe, München 1997.

Anselm Grün, Worte, die uns tragen. Die Weisheit des Glaubensbekenntnisses, Münsterschwarzach 2015.

Anselm Grün, Wunden zu Perlen verwandeln. Die 14 Nothelfer als Ikonen der Heilung, Münsterschwarzach 2004.

Anselm Grün, Wie hältst Du's mit der Religion? 75 Fragen an Anselm Grün, hg. von Winfried Nonhoff, Münsterschwarzach 2019.

Andreas Heinz, Art. Volksfrömmigkeit, in: Praktisches Lexikon der Spiritualität, hg. von C. Schütz, Freiburg 1988, 1381–1385.

Andreas Heinz, Art. Wallfahrt, in: Praktisches Lexikon der Spiritualität, hg. von C. Schütz, Freiburg 1988, 1402–1405.

Matthias Henke und Hans-Ulrich Weidemann, Die Sieben letzten Worte unseres Erlösers am Kreuze von Joseph Haydn, Stuttgart 2017.

Diego Irarrázaval, Art. Volksfrömmigkeit, in: Lexikon für Theologie und Kirche 10, Freiburg 2006, 861.

Stefanie Jarantowski, Abenteuer Olavsweg, Ikigai Verlag 2020.

Hans Joas, Die Macht des Heiligen. Eine Alternative zur Geschichte von der Entzauberung, Berlin 2017.

Hans Joas und Robert Spaemann, Beten bei Nebel. Hat der Glaube eine Zukunft?, Freiburg 2018.

Carl Gustav Jung, Gesammelte Werke, Band 9/I, Olten 1976.

Carl Gustav Jung, Briefe III 1956–1962, Olten 1973, 276.

Hans-Josef Klauck, Hausgemeinde und Hauskirche im frühen Christentum, Stuttgart 1981.

Christoph Kürzeder, Als die Dinge heilig waren. Gelebte Frömmigkeit im Zeitalter des Barock, Regensburg 2005.

Ludwig Mödl und Tamara Steiner, Den Alltag heiligen. Rituale, Segnungen und Sakramentalien. Die Bedeutung der Volksfrömmigkeit und praktische Vorschläge für die Seelsorge, Stuttgart 2008.

Martin von Tours. Leitfigur für ein humanes Europa und die Zukunft des Christentums in Europa, hg. von Gebhard Fürst, Ostfildern 2016.

Henri J. M. Nouwen, Ich hörte auf die Stille. Sieben Monate im Trappistenkloster, Freiburg 2001.

Theo Sundermeier, Ritus I. Religionswissenschaftlich, in: TRE 29, Berlin 1998, 259–265.

Jörg Zink, Zwölf Nächte. Was Weihnachten bedeutet, Eschbach 1992.